# 回想の野口晴哉

朴歯の下駄

野口昭子

筑摩書房

# 序

明治に生まれ大正・昭和を通して、独往自在、紬の羽織袴に朴歯の下駄をはき、自らの信ずる道を歩きつづけた野口晴哉という人の、その日常生活に於ける言行を私が書きとめておきたいと思ったのは、今の世の中で見失われている人間の最も大切な何かが、そこにあるからであった。

整体協会の機関誌『月刊全生』に、女房としてよりも、弟子として折にふれて書いて来たものが、六、七年の間に随分たまってしまった。大勢の方のおすすめもあり、土屋博正氏のご協力を得て、一冊にまとめることにした。所詮、〝盲人が象を撫でる〟ようなものかもしれないが、もしこれを読んで、人間の心というもの、可能性というもの、そして生きるということの何かを感じていただければ、幸いと思う。

昭和五十五年六月

著者

# 目次

＊次の表記は、著者の生前の意向に従いました。
・「おぢいさん」「おぢぢ」など（「父」からの音の連動性による）。
・「自づから」

# 回想の野口晴哉——朴歯の下駄

# 背景

## 一

山本有三さんが、晩年、作家としての生命をかけて、父の伝記『濁流』[*1]に打ち込んでおられたころ——。

よく道場でお目に掛かると、いつもきまって、「ねえ、ちょっと君」とつかまるのが常であった。余りにも詳しく、私の知らないことまで知っておられるのにたじたじしながらも、「僕の伝記は君に……」と終戦前の父との約束を果たそうと調査に調査を重ね、三十年近い月日をかけられた山本さんの真摯で誠実な態度に心打たれるのだった。

その山本さんが、『濁流』の一巻を出版された頃のある日、私に言われた。

「お父さまのこと、調べれば調べる程、書けないところが出てくるんですよ、あんまり、さしさわりが多いんでね」

私は、その時何となく、その意味が分かるような気がした。その翌年、山本さんは『濁流』の続きを未完のまま、亡くなられた。

私はその死を心から惜しみながらも、もしそれが完成したとしても、あの書けないと言われた部分は、おそらく書かれないままになったろうと思った。

その後、私は『空海の風景』(司馬遼太郎)を読んで、空海もたしか、二十代から三十代までの間は、何処《どこ》で何をしていたか全く伝わっていないことを知った。

どんな人の伝記にも、おそらく、そういう空白の部分があるのだろう。その当人でも、語りたくない部分、語りようのない部分、また語りたくても語れない部分があるに相違ない。

しかし、私には、この空白の部分にこそ、却ってその人の人生に於て何か重大な機微と内面の葛藤が秘められているような気がしてならない。

先生[*2]にも、そういう空白の時期がある。それは十二歳から十六歳までの間である。

それを追求して、先生の伝記を書こうなどという大それた気は毛頭ない。ほんとうは先生の伝記など要らないと思う。なぜなら、先生の書いたもの全てが、先生の精神内容の歴史であり、魂の声だからである。

ただ、私が先生のこの時期に最も興味をもつのは、先生の思想の原点ともいうべき「自己開眼」が、余りにも早熟すぎると思いながらも、この時期以外に考えられないからである。そこにはいったい、どういう背景があったのだろうか。

先生は自伝に、〝平凡な少年時代を過ごし、十二歳のとき、震災の焼野原で、愉気[*3]を始めた〟とあっさり語っているだけで、多くを語っていない。

しかし、時折、ドライヴなどしながら、私に語った断片的な思い出の、多分この時期と思われるものの中に、吐き出すように言ってフッと口を噤んでしまう、その沈黙に、やり場のない憤りと悲しみと苦悩を感じることがあった。そんなとき、私はそれ以上に、突っ込んで訊き出すことは出来なかった。

もっと訊いておけばよかったと思う。しかしもう今となっては、何も訊き出せない。それに私には、先生の育った環境というものが全く想像がつかなかった。ところが、最近テレビで「おていちゃん」というのを見ていると、丁度、その頃の浅草の風俗が、そのまま出ている。そういう背景の中で、私は改めて、先生の語った断片的な一コマ、一コマを思い出していた。

それをともかく順を追いながら書きとめておこうと思う。

○

「僕は二歳のときに、ジフテリアにかかり、声が出なくなった」

「二歳から九歳まで、上野町の伯父さんの家で育った。伯父さんは鍼師で子供がなかったので、とても可愛がってくれた」

「書生もいてね、自分が活動写真を見たくなると、僕をだしにするんだ、だから僕はヴァレンチノや、メリー・ピックフォードなど、昔々の俳優も知っている。

そのせいか、ませていたんだね、六歳のとき初恋をした」

「日本ものでは目玉の松ちゃん（尾上松之助）の忍術を見て、僕も忍術に憧れていた。ある時、毛虫をズーッと観察していて毛虫が蝶に変身するところを見た、見事な忍術だと思った」

「八歳のとき、来日したクライスラーの演奏会に書生が連れて行ってくれた。その時の感激が、僕が一生レコードを集めるきっかけとなった」

「ところが九歳のとき、伯父さん夫婦に子供が初めて出来たんだ。それで僕は実家に帰されることになった」

私は、先生が人格形成の最も大切な幼児期に、伯父さんの家で、大勢の患者からも可愛がられて育ったことは、ほんとによかったと思う。

この伯父さんは、戦災で焼け出されて鎌倉に住んでいたが、先生はよく休日に、ベントレーを運転して訪ねた。それは伯父さんが亡くなるまで続いた。

娘が働きに出て、眼の見えなくなった伯父さんは、いつも独りぼっちでいたが、先生の気配を感じると、急に嬉しそうに語り出すのだった。私は心暖まる思いで、そっと坐っていた。

○

九歳の先生が帰って来た実家の生活は、余りにも今までと異なっていた。

「びっくりしたのは、四畳半に親子八人が寝るんだ。食事は、食卓の真中におかずが出ると、みんな一斉にパッと手を出す。その早いこと。僕はひとりで、ゆったり育ったから、あっという間に食べるものがない。それで、お釜に残っためし粒を洗いながら食べた」

「親父は捻れの七種、[*4]仕事（鳶頭）で働くより酒の方が好き、おふくろは太った上野町の伯母さんとは姉妹と思えない位小柄な美人で、娘のころは小町と言われていたそうだ。典型的な九種で、親父をピシャッとやり込める。捻れは九種に絶対に敵いっこないよ。

だから、喧嘩すると飛び出して酒を呑む。すると、おふくろは子供たちをみんな、ぞろぞろ引き連れて、飲み屋に押しかけてゆくんだ。いい機嫌で騒いでいる親父が、途端にしゅんとなるのが可哀そうでね、そういう処に連れてゆかれるのが一番嫌だった」

「家が貧乏だから、クレヨンを買うお金も、遠足に行く金もないと言われた。だから、クレヨンは教室で隣の子から、遠慮しながら借りた」

私が不思議に思ったのは、家が貧乏なら、他の兄弟も同じ筈である。それなのに他の兄弟たちは遠足にも行くし、クレヨンもある。まして長男の兄さんなどは、剣舞を習っているのだ。この兄さんは十六歳で盲腸炎で亡くなるが、私は剣舞をしている可愛い写真を見たことがある。

そうなると、九年ぶりで突然、他家から帰って来た子が、家族の中でどのような待遇を受けたか、まして感受性の鋭く繊細な少年にとっては、想像を絶するものがあったに相違ない。ある時ふっと思い出したように、ポツンと言ったことがある。

「僕は九つのとき、自殺しようと思ったことがある」

その時、一体どんなことがあったのだろうか。先生は、何も語らなかった。

ただある時、こんな話をしたことがある。

「学校から帰ると、近所に時計の紐を結ぶ内職をしに行った。そして金が貯まると、本を買った。それを読んでいると、兄貴が取り上げてしまうんだ、〝それは僕のだ〟と抗議しようとしても、僕は小さなかすれ声しか出ない。結局、声の大きいものの方が勝ちで、親父やおふくろに怒鳴られるのは僕だった。兄のものをとるんじゃない！って……」

小さな声しか出ないということは、どんなに口惜しいことだったろう。

この宿命を、孤独な少年は、どう耐え、どう乗り越えていったのだろうか。

「感じたこと、考えたことを、すぐに紙に書いた。書くことで何でも表現した。だから、学校では作文がずばぬけていた。作文はいつも先生から褒められた」

「小学校に入った頃には、メスメルや、クーエを一生懸命に読んで、自己暗示や、催眠術の実験に興味をもった。

ある日教室で、歯が痛いといって泣いている女の子がいた。そこで催眠術の実験をやってみたんだ。そしたら、さーっと痛みがなくなってしまった。その子も、まわりの友達もびっくりしたが、僕の方がもっとびっくりした」

「映画館は、切符切りの女の子が可愛がってくれて、いつ行ってもただで入れてくれた。

ある時、帽子を被ったまま、見ている男がいた。僕は小さいから見えない。そこで、その男に〝帽子をとる〟と思念した。すると何となく帽子をとるんだ。

席がないときは、坐っている男に、〝小便したくなる〟と思念すると、何となく立って行ってしまう。

口で言わなくても心は通じる、意識を通さなくても気は伝わる、それから面白くなっていろんないたずらをした」

「入谷のお祖父さんは金沢の人で、若いとき、お祖母さんと駆け落ちして東京へ出て来たそうだ。信心深くてね。本願寺のお説教を聴きに行くのに僕を連れて行くんだ。

僕は退屈だから、前にいる女の人に〝揺れる、揺れる〟と思念していると、だんだん揺れてくる、隣も、その隣も揺れて来る。そこで、今度は、坊さんに思念したら、坊さんも揺れ出して、揺れながら、説教していた」

少年が、こういういたずらから自分の裡なる力を自覚していったことは、何となく微笑ましい。

しかも逆境の中で、直観的に産み出してゆくものの考え方や生き方に、前向きの明るさがあるのは、先生本来のものなのだろうか。

そして十二歳の、小学校六年の夏休みが明けた日、あの関東大震災が起こるのである。

## 二

「僕は咄嗟《とっさ》に二階から隣の屋根の上に逃げた。地震は何度も揺り返しが来た。階下にいて潰されたり、飛び出して怪我をした人もいた。

浅草の十二階が二つに折れる瞬間を見た。火の手が下町一帯にひろがって行った。

鶯谷の線路のところが安全だというので、僕は小さい歌子[*5]をおぶって、みんなと一緒に逃げた」

「遠く燃える火が夜空にキレイだった。しかし地震より火事より怖ろしいと思ったのは竜巻だ。竜巻は荷馬車でも巻き上げてしまうんだよ」

「僕はお腹が空くと焼け跡に行って、〝この辺は肉屋があった。この辺は八百屋があった〟と、見当をつけて掘ると、肉は焼き肉になって出てくるし、芋は焼き芋になって出て来た」

「焼け跡にバラックが建ち、下痢患者が続出した。その時、あんちゃん伯父《ぢい》（父方の兄）の娘が、七つで疫痢になって死んだ」

「僕は近くの煮豆屋のおばさんが、下痢して苦しんでいたので、初めて、手を当てて、愉気をしてみた。するとすぐよくなってしまった。それが伝わり、あちこちで頼まれるようになった」

「僕は面白くて、ずーっとそれを続けて行きたかった。

ところが両親は、それが厭だったんだね。ある日、僕の奉公先を、勝手に決めてきてしまったんだ。僕に一言も言わないでだよ。そんなことってあると思うか」

その口ぶりに、ふっと少年の日の憤りが蘇るのを感じた。

その奉公先という高島屋に、先生がいつまでいたかは分からない。妹の話によると、一年くらいは休みの度に帰って来て、英語の本など読んできかせてくれたが、その後、ふっつり帰って来なくなったという。

ただ、おそらくこの時期だろうと思われる面白い話がある。

「五、六人の仲間と、近くのビルの屋上の縁を、自転車で一周する賭けをやった。出来たものには〝きんとき〟を奢《おご》ることになった。みんな次々にやるが、誰も途中で、内側へ落ちてしまう。

僕は最初、屋上の縁が三尺幅であることを確かめ、三尺幅の廊下を自転車で走ってみた。そして〝これなら出来る〟と思った、一周出来たのは僕だけだった。だから〝きんとき〟が食べたくなると賭けをした」

私なんか、ビルの屋上の縁と聞いただけでゾーッとして身が竦《すく》んでしまうのに……。それは〝若《も》しも〟という空想が悪い方向へ働いてしまうからだ。先生には子供のときから全くそれがないのが不思議だった。

もっとも先生の大胆不敵さには、いつでも事前にきちんと見定めたものがあり、決断したら最後、惑うことがなかった。

○

　そのころの先生の読書欲は凄まじいものであったらしい。

「僕は往来を歩きながらでも、本を読んでいて、電信柱や、馬の鼻にぶつかったことがある」

「本屋でも立ち読みした。長くなると、店の人に追い立てられるから、急いで読む。だから、読む速度が人の何倍も早くなった」

「上野の図書館は、一回入ると十冊しか貸してくれない。だから一旦出て、又入るんだ。それをコッペパンをかじりながら、一日に三回やったことがある」

　私がいつも不思議でならなかったのは、先生の本の読み方の速さであった。夜行列車の寝台には、いつも十冊以上の本を抱えていた。

「どうしてそんなに速く読めるのか」と訊いたことがある。すると先生は言った。

「僕は斜めに読んでしまうから速いんだ」と。

　斜めに読んだら、私など何を読んだか訳が分からない。それなのに、大切なことはどの本の、何頁にあった、というのだから呆れてしまう。きっと若い時は、もっと凄かったに違いない。

　ある日、私は先生のように記憶力がよくなりたいと思って、その方法を尋ねた。

「記憶力なんて、馬にも犬にもある能力だ。人間としては独創力とか、空想力とか、推理・判断力の方が大切だ」と言った。

「人間の潜在意識というのは、生まれたときに誰と誰がいたということまで、全部覚えているんだよ。僕はそれを催眠術の実験で知った。催眠状態では、いつ、何処で、財布を落としたということまで喋るんだからね。

　だから記憶しようなんて努力する必要なんかない。必要なときに、必要なことを、さっと思い出せればいいんだ」

「僕がやったことは、思い出す訓練だった。例えば、ショー・ウインドウを、パッと見て通る、そして何があったか思い出して書いてみる、何回かやっていると、思い出す数がだんだん増えてくるんだよ。

　夜、寝る前が一番いい。英語なら英語の単語を一頁、ずーっと目を通す。そして翌朝、目が覚めたときに思い出すんだ、幾つ思い出すかと……。そうやって訓練していったんだよ」

先生は自分なりの勉強法を自分で開拓していったのだ。家が貧乏のために、画一的な御膳立て教育を受けられなかったが、私にはそのことが、却って幸いだったように思えてならない。

「人間万事、塞翁が馬」という諺がある。

## 三

私が先生のもう一つの背景、武州御岳山《みたけさん》に行って見ようと思い立ったのは九月も末になってからだった。

それは、かつてベントレーで奥多摩へドライヴしたとき、

「僕は十代のころ、よく御岳へ登ったが、あのころは電車もケーブルカーもなくて、青梅から歩いたんだよ」

と言ったことを思い出したからだ。

二十七日、曇り空であったが晴れていたので、同行四人、車で青梅街道を走り、御岳のケーブルカーの駅に着いた時は、十二時を少し過ぎていた。

ケーブルカーは関東随一といわれる急勾配で、見下ろすと木の間がくれに、〝歩けば二時間〟という山道が見えかくれする。〝先生はあの道を歩いて登ったんだな〟と思う。

リフトに乗って更に登ると、展望台があり、そこで山菜そばを食べて出発、何年ぶりの山歩きだろうか。

展望台の山を下りると、両側に民宿のあるコンクリートの参道は急坂で、私はもうそこでダウンしそうになった。〝これで今日の目的である滝まで行かれるだろうか〟と。

ところが直《じ》きに、なだらかな昔ながらの山道になり、御嶽神社に着く。階段を少し登ると、大岳山へ登る山道が左に別れていて、神社へは更に階段を幾十段も登らねばならない。私と星野さんは登る勇気を失って、ここで参拝して待つことにした。斉藤さんと堤君は元気よく登って行った。

御岳には滝が二つある。七代の滝はここから十五分とあるが、渓《たに》の道が険しいときく。綾広の滝は、昔から修験者が行をする場だという。私は、先生がよく行ったのはこの滝ではないかと思った。

「御岳には滝があって、そこで滝を浴びて気合をやった。気合が出来るようになると、滝の音が瞬間、ピタッと止まるんだよ」

「ある夜、真っ暗な山道を滝に下りてゆくと、髪を濡らした白装束の女とすれ違った。その時だけは、ゾーッとして怖かった」

その滝への道は、大岳山へ行く道を、更に左へ別れて、奥御岳渓谷へ下ってゆく。所謂《いわゆる》ロックガーデンといわれる渓である。

日曜・祭日を避けたため、山はわれらのもの、出会ったのは天狗岩で、山男風の一人だけであった。

初秋というのに、渓の道は落葉が多い。

そそり立つ大岩石、樹齢何百年と思われる大樹、岩間をくぐる清冽な渓流、時折かすかにさす木洩れ陽が幽邃《ゆうすい》の趣を一そう深める。

私はふと、ある人が随筆で「山が好きだった息子を山で失ってから、私はその息子の靴をはいて、山を歩くようになった」と書いていたのを思い出した。私もまたその人と同じように、今、この山道を歩いている。かつて先生が歩いたであろうこの山道を……。

滝が見えた。あれが綾広の滝！

滝壺が四メートルもあるという七代の滝と異なって、綾広の滝は、滝壺も浅く、優しい滝だった。

これなら少年でも入れる、私は先生が教えてくれなかった秘密の滝を、やっと見つけたと思った。それにしても、十五歳の少年が、たった一人で青梅からここまで歩いてくるとは……。

四人とも、滝の霊気に打たれて、無言で佇んでいた。

堤君が、いきなり滝に向かって気合をかけた。

私は先生の気合を思い出した。先生の気合は比類のないもので、琴を立てかけ、何本目といって気合をかけると、その糸だけがピーンと鳴った。山道で気合をかけると、他の人の声はみんな谷に落ちるのに、先生の気合だけは、遠い山脈に、唸るように、波うつように消えて行った。

そんな気合を、先生はここで会得したのだろうか。

先生はよく「僕は鍛錬したからね」と私に言ったが、すでに十七歳で日暮里に道場を開き、活元運動[*6]を誘導し、「全生」を説く講話会を開いているのだ。そこに至るまでの先生の内奥に、どんな転機があったのか、その内面に立ち入ることは誰もできまい。

それにしても、この霊山といわれる御岳は、少年の日の先生にとって一体、何だったのだろう。

私たちは滝の上の道に出て帰ることにした。仙人のように長い枯枝を杖にして、ゆっくり見晴らし台まで来たとき、私は思わず茫然と立ちつくした。

雄大な大岳山の肩に、今、秋の夕日が沈もうとしていた。

ふと、私の最も好きな、十代の先生の語録の一つが浮かんできた。

「俺の世界は　俺の周囲を廻る
俺は此処にいる
動かない」

# 鶯谷記

## 一

先生自身が、初めて活元運動が出たのは、一体いつのことか、私には分からない。何故なら、先生が私に思い出を語るときはいつも「むかし……」としか言わなかったからだ。そんな時「それは何歳のいつごろのことか」などと尋問めいて訊こうものなら、もう興がさめたとばかり、ふっと口を噤んでしまう。だから、

「僕がむかし、活元運動が初めて出たときは三日三晩とまらなかった」

と言ったときも、「それは御岳に行っていたころかな、それとももっと前かな」などと漠然と空想していた。

何《いず》れにしても、無心に身を任せていると、裡《うち》から自然に起こってくる動きが、どん

どん展開してゆく、この体験は、少年にとって画期的なことだったに違いない。

これこそ無限の生命につながる「我あり」の発見ではなかったろうか。


そのころ、十六歳のお兄さんが盲腸炎で亡くなった。そして先生もまた、医者から「肺結核の三期で、もう手遅れだ、両肺とも真黒になっている」と宣告されたという。

先生の思想が、そのころから死を見詰めているのはその故だろうか。にも拘《かか》わらず不思議に明るいのは何故だろう。

「僕はその時、両肺が真黒でも、今までも、今も、こうして生きているではないか。それなら肺なんかなしで生きていこう、と決心したんだ、だから自分の体のことなんか考えず、人に愉気し、活元運動を誘導することに打ち込んだ。

半年ほどして、その医者に会った。診せろといわれて、診せたら、首をかしげているんだ。両肺とも何ともないって……」

先生は例の皮肉な微笑を浮かべた。

それは医者の誤診だったのだろうか。

しかし、先生の胸椎三番の一側《いっそく》*7には、深い井戸を覗いたときのような暗い感じの弛

緩があった。私が悋気をしながらそのことを指摘したとき、

「古い呼吸器異常の痕だ」と言った。

だからそれは、本当だったのだろう。

それよりも私の驚きは、少年が医者の言葉を鵜呑みにせず、肺よりも以前にある生命の働きを信じて疑わなかったことである。

これを無知の故と言った人があるが、果たしてそうだろうか。世の中には知り過ぎた故に怯え、何かに依《よ》りかからねば生きて行けない人が何と多いことか。まして私のように暗示にかかり易い人間は、医者からそんなことを言われたら、今まで元気でも、その途端からガックリ来てしまうに違いない。

その違いは一体、何処から来るのか。

その人の生きる姿勢が、自立しているか、いないかの問題であろう。

「〝食わない〟と〝食えない〟の〝わ〟と〝え〟の境が、生と死を分ける」と先生は言った。

知識というものは、人間が自由に取捨して使いこなすもの、それに受け身になったときから、生の萎縮が始まるのかもしれない。

「それでも、そのころは顔色が悪くてね、せめて僕が悋気している人位の顔色になり

たいものだと思っていたよ」

先生は決して、丈夫で頑丈な少年ではなかったのだ。私はそのころの先生を知らないが、細面で蒼白い、ただ眼だけが鋭く輝いている少年の姿をつい思い浮かべてしまう。私だけでなく、誰も、あの超人的なエネルギーが、この小柄な少年のどこに潜んでいるのか、想像も出来なかったろう。

だから、先生が道場をもって、わが道を行く決心をしたとき、身内の全部が反対したのも、無理ないと思う。

しかし、先生の決意は固かった。

○

「僕が入谷に初めて借家して道場をもったとき、三円六十銭しかなかった。身内は反対したが、大勢の他人が応援してくれた。先ず震災の焼跡で愉気した煮豆屋のおばさん、それから次々と拡がった人たちが、座蒲団や机をもって来てくれた」

たった一人、身内の中で、こっそり先生を応援した人がいた。それは、入谷のお祖母さんである。

「一カ月経って、僕が家賃を払いに行くと、家主が〝もう戴いていますから……〟って言うんだ、不思議に思って問いただすと、口止めされていたらしく、困った顔をして、〝実は入谷のお祖母さんが来られて、もしも孫が家賃を払えなかったら、これで立て替えてくれと、半年分の家賃を置いて行った〟というのだ。

それでいて、お祖母さんは知らん顔して、人を紹介してくるし、自分も悋気を受けに来ると、ちゃんとお金を置いてゆくんだ、そういう気遣いをする人だった。

おふくろは鬼のような姑と言っていたが、僕はそうは思わない。長屋中の身上相談を一手に引き受けてね、みんなから加賀のおっかさんと言われていた」

「どんな体癖の人？」と私が訊くと、

「あんたに似てる」と言った。

私は何か不思議な気がした。私の祖母も、加賀の前田家の出で、父を産んですぐ亡くなったが、私は若いころ、その祖母に似ていると言われていたからである。

先生も、私も、何か金沢に縁がある、このことを実感したのは、昭和三十年ごろ、赤倉の別荘から北陸路を回って、ベントレーで京都講習に行ったときのことだった。

途中で立ち寄った金沢の兼六公園は、初めて来たのに、池も木々のたたずまいも、いつか見たことがあるような気がした。池のほとりの風流な茶店で抹茶茶碗を手に、

そのことを先生に言うと、先生は驚いたように、

「僕もさっきから、そう思っていたんだ」

と言った。

「もしかしたら、ずーっと、ずーっと前の世に、ここで会ったことがあるのかな？　まさかね」

と、私が急いで打ち消したのは、何だかほんとうに、そんな気がしたからであった。

その入谷のお祖母さんが心配したことは、取り越し苦労に終わった。次から次から紹介して来る人が跡をたたず、家賃が楽に払えるばかりか、欲しかった蓄音器も、レコードも買えるようになった。

欲しいレコードを、一枚一枚、手に入れてゆく喜びがどんなものだったか……。後年、先生はベントレーでよく楽器店に行き、三十枚、五十枚と一ぺんに買い込んでいたが、「あのころの喜びはもうない」と呟いたことでも解る。

ところが、こうした生活も一年とは続かなかった。先生の生活が安定したとみるや、あれだけ反対していた両親が一家八人で転がり込んで来たのである。

「小さい弟や妹が居るのに、おやじは働くのを止めてしまって、酒ばかり呑むようになった。おふくろも内職を止めてしまった。

当時の下町では〝左団扇《ひだりうちわ》〟といって、息子や娘が働き手だと、のうのうと働かないで暮らせることが自慢の種だったんだよ」

しかしそのことが少年にとって、どんなに負担なことだったか……。

「一日生きるということがやっとだった」

と先生は述懐する。

それでも先生は黙って耐えた。その苦しさを決して両親のせいにすることなく、苦しみのよって来たるところを、自分自身の裡にみつけることで、それを乗り越えようとした。

先生の十代の頃の語録に「苦」というのがある。

苦を避くるは苦の因
楽を求むるは苦の因

＊

楽のみならば
楽すでに楽ならず

＊

苦中に感ずる楽こそ
真の楽なり

＊

楽は自然に来るもの
苦は自ら迎え求むるもの

＊

世に苦なし
されど人　楽を求めて苦しむ

＊

苦楽一なり
離れて存在すべからざるものなり

ただ、狭い家に、両親と毎日顔を突き合わせて暮らすことは嫌だったに違いない。

たまたま中野の石井さんが、先生に勉強部屋を提供してくださったので、そこから入谷まで通うことにした。

「僕は昔、中野から入谷まで、よく歩いたから、細い道でも詳しいんだ」と言ったことがある。


当時、その石井さんのお宅で看護婦さんをしていたという福田さんに、私は最近、市橋さんの紹介でお会いする機会を得た。

「はい、石井の奥様は、御養子よりも先生の方がお気に入りで、着物も袴も、何もかも御養子とお揃いにつくってお上げになりました。そりゃあ、人間の出来が、何処か普通の人と違っていらっしゃいましたからね、お若いのに、よく夜晩《おそ》くまで勉強していらっしゃいましたよ、それから太い大きな筆で、書も沢山お書きになりました。それを奥様は大切に額にしてお部屋に掛けていらっしゃいましたが、あれはどうなりましたか。……中野のお邸《やしき》も最近、人手に渡ってしまったようでございますから……」

私は、先生のそのころの書、太い大きな字で、「光」とか「精進」とか「自彊《じきょう》」とか書いたものを、戦前に見たことがある。そんな字をどこで、どうして書いたのか、不思議に思っていたが、漸《ようや》くその訳が解ったような気がした。

道場は来る人が一杯で、狭くなる一方だった。〝広い道場、広い家が欲しい〟と思念していると、日暮里に広い邸が売りに出ているという。

しかも嘘みたいに安いというので、先生は即座に買って移ることにした。

しかし、そんな広い家が、何故そんなに安かったか。

それは幽霊が出るという噂があったからである。

## 二

古い板塀の門深く、庭に真赤な木瓜《ぼけ》が咲くという幽霊屋敷――。

しかも、その広い館の主が、僅か十七歳の少年とは……。

聞くところによると、この館の主は、二代続いて首吊り自殺をし、三代目は、移り住んで十日も経たないある夜、突然、気が狂ったように飛び出して行ったという。

近所の人の噂では女の幽霊を見たということであった。

先生はその二代続いて首吊り自殺をしたという土蔵の二階を書斎にしたというから、呆れてものもいえない。

道場には、長年の痔瘻《じろう》から救われたという桑島さんと、若い弟子二人が住み込み、廊下つづきの離れには、両親と弟妹たちが入った。

「ある夜、桑島さんが風呂に入ろうとして戸を開けると、若い女が後ろ向きになって、湯を浴びているところだった。〝これは失礼〟と言って周章《あわ》てて出て来て、皆に話すと、〝この家に若い女がいる訳がない。やっぱり出たな!〟ということになった」

「また〝道場のある場処に寝ると、夜中に女が出て来てうなされる〟と弟子が言い出した。すると弟の伊三坊が、俺が寝ると言って、刀を持って寝た。翌朝、行って見ると、刀を半分抜きかけたまま、眠りこけていた」

こんな話をしながら、先生は幽霊と同居していることを何とも思っていないようだった。

「Oさんという人が、この家は、家相が凶相になっていると言った。だけど僕は、自分の使いよいように、壁をぶち抜いたり、間仕切りをしたり、勝手に造作を変えてしまったんだ。

そしたらある日、Oさんがやって来て、すっかり家相がよくなっている、と驚いていた。

人間、気が満ちているときは、自然に、よいように、よいように動いてゆくもんだよ」

○

「看板は、自然健康保持会
道場開きをしたのは、九月八日、僕の誕生日の翌日だった」

先生は何一つ宣伝せず、初めから会員と会員の紹介した人に限るとした。それでも朝早くから塀を乗り越えて来て、待っている人もあったという。

一体、この少年の何に惹かれて、これ程の人が集まって来たのだろうか。

その頃の会員だったT氏の追想記――。

「先生の所へ伺ったのは小学五年生の時……。先生の服装は和服の書生姿で一貫し、久留米絣に、細縞の入った袴をつけ、朴歯の高下駄の鼻緒は、白くずばぬけて太いやつがすげられていた。風采かまわず、全て質素で清潔で実用一点張りなのが、先生のすがすがしい特徴だった。

眼は明るく澄んで鋭く、頭の閃きは正に天才の見本みたいで、全て独創的な思想と、見識の持主だった。いくぶん茶目っけのあるところが先生のご愛嬌でもあり、私の愚かな質問にも迷惑そうな顔をみせず、実の兄のような態度で諭すように教えて下さった」

また市橋さんは語る。

「私が朝早く伺いますと、桑島さんと二人の内弟子さんが、前掛けをしてお掃除をしていました。掃除がすむと、キチンと袴をつけて出てきて、到着順に五、六人ずつ、庭に立たせるんです。

すると、先生が朴歯の下駄をはいて出ていらっしゃいましてね、一人ずつの背中に、鋭い気合をかけなさる。その気合といったら、もう、まるで雷に打たれたようで、体の芯まで、スカッとするようでございました。

それから道場に入ると、左手の部屋が活元運動をするところ、右手の奥の部屋で、先生が一人ずつ愉気をしていらっしゃいました。私の印象は何と言っても、あのお眼、何もかも一瞬に見抜いてしまわれるようなお眼でございました」

私はふと、毎年夏休みになるとみんなで遊びに行った油壺の船頭さんが、

「毎年何十万人の人がここに来るが、おらぁ、あの先生の眼だけは忘れられねえ」

と言ったことを思い出した。

また直井さんは語る。

「主人は顔色が悪くて、腎臓が悪いのに剛情で、言うことをきかないんです。ところがある方に紹介されて、先生の道場へは、せっせと通うようになりました。私が〝どんな先生か〟と訊きますと、〝何が何だか全く分からない。眼光が鋭くて、とっつきにくくて、下手なことを言うと怒られそうだから、口もきけない。先生も何も言わない〟って言うんです。それでどうして一生懸命に通うのか、どうしてよくなるのか、全く分かりませんでした。一家中で通うようになったのは、先生が日暮里から下落合に越されてからでした」

これが、他人の語るそのころの先生の印象である。

○

先生自身の語るところによれば、

「僕はそのころ、好き嫌いが激しくて、玄関に〝気の合わぬ人は、お断りする〟という貼り紙を出していた。

ほんとうに嫌な人が沢山いた。それを、嫌々やるとか、いい加減に調子を合わせるとか、義理でやったりすることが嫌だったんだ。やる以上は、生命《いのち》がけでやる。全身全霊でやる。

だからやる気になるまで、人を待たせても失礼だとは思わなかったし、会いたくもない人が来たときは、自分で出て行って、

〝先生はお留守です〟と言った。

〝そこにいらっしゃるじゃありませんか〟

と言うから、

〝いや、当人が言うんだから間違いない〟

って言った。

愉気していても、相手が何か嫌なことを言うと〝今日はこれまで〟と言って止めてしまった。また、途中で気がまとまらなくなると、散歩に出かけたり、花見に行ったりした。帰って来ると、まだそのままの姿勢で鼾をかいて寝ている人もあった」

古きよき時代のそんな自由な生活を、晩年の余りにも忙しすぎた先生に、もう一度

させて上げたかったと、つくづく思う。

「ある日、包丁を持った男が玄関に上がり込んで、

〃ここは俺たちの縄張りだ、何で挨拶に来ないのか！〃と怒鳴っていた。弟子がオロオロして飛んで来たので、僕が出て行くと、男はもっと凄んで、畳に包丁をグサリと突き立てた。僕は咄嗟に、

〃この手が離れない、離そうとすると、ギューッと包丁を握ってしまう、離して見給え〃

と言ったら、ほんとうに離れなくなってしまった。

〃この尻も畳にくっついてしまう。立とうとすればするほど、ピタッと畳にくっついてしまう。さあ、立って見給え〃

と言うと、歯を喰いしばって立とうとするが、どうしても立てない、そこで、

〃警察でも呼ぼうかな〃

と言うと、泣き出しそうになって、

〃何とか、カンベンしてくれ〃

と言うんだ。可哀そうになって、

〃二度と来るな〃

と、ポンと手を叩くと、ふっと元に戻り、コソコソ帰って行った」

私はびっくりして、「それは催眠術の一種なの?」と訊いた。

「不動金縛りの術って言うんだ」

と何でもないように言う。一体、何時《いつ》、何処で、こんな術を習得したのだろう。

「私も修行して出来るようになりたい」と言うと、先生は全く意外な返事をした。

「修行なんて無駄なことさ。みんなお互いに暗示し合って、相手を金縛りにしているじゃないか、自分もまた自分を金縛りにしているじゃないか。

人間はもっと自由な筈なんだ。だから僕のやって来たことは、人を金縛りにすることではない。すでに金縛りになっているものを、どうやって解くかということだ。

暗示からの解放だよ」

○

そのころ先生は講習会を開き、『全生』というパンフレットも出したが、その説くところは、生を萎縮せしめるすべての既成観念を打破することであった。

私が育ったころの古い衛生観念では、熱が出たら氷枕と氷嚢、風邪が流行ればマスク、冷えて下痢しないためには腹巻、というのが常識になっていた。

それに対して、先生は、

「熱も、痛みも、嘔吐も下痢も、また風邪も、すべて人体の抵抗作用であり、蛇が皮を脱ぐのと同じ更新作用であり、古びた組織を改造し、鈍った機能を旺盛ならしむる作用である。

それを妨げれば、自律作用が鈍り、麻痺を亢進させることは、自明の理である」

といった論法で、生き生きした生命観を打ち出して行ったのである。

しかし、如何に真理とはいえ、当時に於ては、余りにも大胆不敵な全生論であった。

ある昔の会員は、先生を追想して、

「野口先生ぐらい、毀誉褒貶の大きく分かれた人は、いないだろう」と言った。

それでも尚、求める人が跡を絶たなかったのは、やはり先生の超人的な愉気の力と、その人間的な魅力が相俟っていたからではなかろうか。

しかし、先生は初めから依りかかり専門の信奉者より、ほんとうの理解者を求めていた。

中には、なる程と頭で解って従《つ》いて来ても、いざ、実際に直面すると、怖くなり判らなくなってしまう人々も沢山いたに違いない。

そういう人々に対する先生の説得法も、また独自のものであった。そこには押しつけ、脅《おど》かし、命令は微塵もなかった。

熱がまだ下がらないと焦っている人に、

「お墓の下へ行けば、いやでも下がりますよ」

盲腸炎になると心配だから、今のうちに切っておきたいという人に、

「ついでに首を切れば、万病にならない」

もしも病院へ行く途中で生まれたら大変だと言う妊婦に、

「大便だって我慢できるでしょ。出来なきゃ往来は大便だらけだ」

胃が下がるからと、バンドで押えていると言う人に、

「君、下を向くと眼玉が落ちるよ」

「ある日、不眠症に悩む男が〝自殺するつもりで家を出て来た〟と言った。僕はそのとき、〝よかろう。君のような陰気な男が一人でもいなくなれば、世の中が少しでも明るくなる〟と言って、

〝どうせ死ぬなら、二晩ほどここに泊って、今生の別れに僕の将棋の相手をしろ、それからでも遅くはあるまい〟と言うと、二日だけ泊って、日光へ行くというんだ。その頃は華厳の滝が自殺の名所だったからね。

そこで夜中に下手な将棋をやり出して、三時、四時になると、コックリ、コックリやり出した。〝君は不眠症じゃないか、もう一番、もう一番〟と言って、遂に寝かさなかった。

翌日、道場で愉気していると、弟子が、

〝Hさんが居なくなりました〟と言うんだ。そんな筈はないと思って探したら、戸棚の中に隠れて、ぐうぐう眠っていた。

夜になって出て来たから、また将棋の相手をさせようとしたら、〝先生、私は不眠症ではなかったんです。それが解りました〟って、明るい顔で帰って行った。今は、関西の方で元気に活躍している人だよ」

先生はこうして一人一人の心に灯《あか》りを点していった。

その灯りが次々に伝わって、やがて五十年経って今日の整体協会になることなど、考えもしない全力の日々であった。

## 三

「僕は子供のころ、金もなく、何もなく、自分の心以外に、全く頼るものがなかった。その心を、明るい方へ向けて拓いてゆこうと決心したんだ」と先生は言う。

だから、幽霊屋敷を手に入れて、すっからかんになってしまった時も、弱音を吐く桑島さんに、こう言った。

「ここまで来たら、やるだけ……。

念ずれば現ず」と。

「その時の、その眼の輝きを見て、これならやれると思った」と、桑島さんはあとで人に語ったという。

それはすぐ翌日に実現した。活元運動の実習会に、多くの人が、必需品を持って来てくれたり、印刷屋さんまで来ていて、印刷物は全部引き受けると言ってくれたのである。

事実、先生が念じたことは極く自然に現われた。

車もそうであった。

ある日、Tさんが「競馬馬の足が折れたから愉気してくれ」と言って来た。しばらく愉気に通ったら、また走れるようになり、あるレースに出て一等賞をとった。

「そしたら、そのお礼が大変なものだった、あとにも先にも、こんなに沢山お礼を貰ったことはない」

「それなら人命尊重というより馬命尊重ね」

と私が言うと、

「走るものでお礼を貰ったから、走るものをと思って、欲しかった車を買った。それでも余ったから車庫を建てた」

当時、まだ特権階級の人たちしか車に乗っていない時代に、十七歳の少年は、自力で車を買い、運転手までおいていたのである。

そして十八歳の夏には、両親や弟妹たちを、車に乗せて、避暑に行かせている。妹たちは、その夏の辻堂の海の楽しかったことを、今でも、はっきり覚えているという。

蓄音器もそうだった。

ある人の話によれば、

「そのころ、最高級の蓄音器が何台か輸入されて、その展示会があった。マニアたちの憧れのものは、その値段も溜息の出る程のものだったが、その時、白い絣を着た少年が、朴歯の下駄をはいて、つかつかと入って来て、〝これを下さい〟と言って、さっさと買って行ってしまった。これには一同唖然としたが、それが野口少年だった」

ということである。

それはまさに、

念ずれば現ず

我が思う如く、我が事成る也

であった。

この言葉をそのころの語録で読んだ私は、ある日、先生に訊いた。

「〝念ずれば現ず〟なら、人を呪うことでも実現するのか」と。

すると先生は、

「それもまた、自分に返ってくるさ」

と、いともあっさり答えた。

確かに、天に吐きかけた唾は、自分の顔にかかる。人を呪っている人の人相は悪い。その逆に人の幸せを願い、愉気している人々の人相はどこか美しい。

そうすると、自己の世界はいつのまにか、自分自身がつくっているのかもしれない。


ある人が、先生に訴えた。

「講習会にどうしても行きたいけれども、姑が意地悪するから行けない」と。

すると先生が言った。

「ほんとうに行く気があるなら、姑のせいにしないで、先ず〝行く〟と心に決めなさい、事態は自然に拓ける」と。

その人は、明るい顔をして講習会に来た。

「どういうわけか、姑が機嫌よく出してくれた。先生の仰る通りでした」

「最初に意欲がある、空想がある、理由や理屈はあとからつけるものだ」

と先生は言う。

だから〝念じた通りになる訳はない〟と思っている人は、そう思っていることが実現しているに過ぎないのだろう。人間は自己の可能性をいつのまにか限界しているのかもしれない。

とは言っても、私自身、やはり先生の〝念ずれば現ず〟が、不思議で不思議でしょうがなかった。

これは、戦後の下落合道場でのことであるが、

「僕が、例えば羊羹を食べたいと思うと、誰かが必ずもってくる」と先生が言った。ほんとうにいつもその通りになるので、弟子のMさんが口惜しがり、

「ここの道場は男より、ばあさんの方が多いですね」と言った。その人は柔道六段の捻れ型だったので、先生も急に捻れたのだろう。

「それなら、今日の夕方、道場に坐っていろ。男ばかり集まる」と言った。

夕方、私はまさかと思って道場を覗いてみた。何と、黒々と男の人ばかりがズラリと並んでいる。階段を上がってくる人も男、男。女は一人もいないのだ。

私は唖然として、Mさんと顔を見合わせた。

「奥さま、ほんとうに男ばかりですなァ」

堂々たる体軀のMさんが、負けたと思ったのか、気弱そうな小声で囁いた。

夜になって、先生が言った。

「人間には、意識を通さないで、直接、感じ合う心がある。だから僕が思念すると、何処かで、誰かが感応して、集まってくるんだよ」

○

私は最近、箱根野口記念館の資料室で古い本をみつけた。『霊療術聖典』とある。昭和九年発行であるから、先生の二十二、三歳のころであろう。その時代の十五人の大家たちがズラリと並ぶ中に、先生の名が出ているのでびっくりした。

「霊療界の第一人者たる野口法の野口晴哉氏は、群雄割拠の治療界に立つや、教へを乞ひ療を求むる者、門前市をなすの活況を呈し、老大家をして茫然自失たらしめつつある」とあり、更に、

「野口法は一言にして言へば『坐して瞑目し〝我あり〟と想ふ』ことである。捉はれぬ心を持ち、滞らぬ生命を悟り、健康や疾病に心を煩はさぬことと之れである。それ故、精神療法家の所謂暗示療法とは趣を異にするのみならず、寧ろ正反対であつて、この点に独特無双な所以があり……理論的、哲学的に注目すべき特徴がある……」として、

全生論を紹介しているのである。

この本にある「坐して瞑目し〝我あり〟と想ふ」の、〝我あり〟は、日暮里道場に掲げていたという「全生の詞」ではなかろうか。

当時、活元運動をする人々の中には、それを暗誦していた人もあったと聞く。

我あり、我は宇宙の中心なり。我にいのち宿る。
いのちは無始より来りて無終に至る。
我を通じて無限に拡がり、我を貫いて無窮に繋がる。
いのちは絶対無限なれば、我も亦絶対無限なり。
我動けば宇宙動き、宇宙動けば我亦動く。
我と宇宙は渾一不二。一体にして一心なり。
円融無礙にして已でに生死を離る。況んや老病をや。
我今、いのちを得て悠久無限の心境に安住す。
行往坐臥、狂うことなく冒さるることなし。
この心、金剛不壊にして永遠に破るることなし。

ウーム、大丈夫。

これが十代の少年の詞かと思いながら、この〝我あり〟こそ、先生の生涯に於ける最初の開眼であり、ここを原点として、先生の潑剌とした生き方が展開しているように思えるのだ。

そこには、臨済が大愚の下で大悟したあと、天馬空をゆく如く奔放自在であったように、先生にも、それを想わせるものがあるような気がしてならない。

そういえば、その閃めきといい、機鋒の鋭さといい、いきいきした動作の速さといい、先生は臨済と共感するものがあったのではなかったろうか。

先生の座右の書には、荘子、白詩と共に臨済録があった。ボロボロになるまで読んで「これが八冊目だ」というのが、戦争中、羽織のポケットに入っていたのを見たことがある。

更に、この本が紹介している野口法のはじめに、先生は面白い表現をしている。

「溺死した人の体は水に浮かぶといふことだが、溺死する人は体が浮かばないから、沈むに違ひない。死んだ人が浮かんで、生きてゐる人が浮かばない第一の理由は、沈むまい、浮かばうと足掻くからだと、ある水泳の名人が私に語つたことがあつたが、浮かばうと焦り、沈むまいとする努力を捨てれば、自づから浮かぶ。人の体は本来浮かぶものだと悟ることが、水泳上達の秘訣であつて、浮き袋に頼るうちは、決して上達しないとも語つた。……然るに本来、健やかであるべき生命に生きてゐる多くの人々は、沈むまい、浮かばうと、もがいてゐる。健康にならう、丈夫にならう、病気を治さうと、努め焦る程に、却つて本来の生命の働きが発揮されなくなる。生命の合目的性や、適応作用を、充分に働かせるには、やはり本来の健康に目覚め、いろいろの浮き袋を捨ててしまはなければならない……」

私は本を開いたまま、先生が晩年に、

「僕は子供のときに直観したことが、幸い的を射ていたから、こうして五十年間、一すじにやって来れたんだ」

と、ふと洩らしたことを思い出していた。

## 四

日暮里時代の先生の自己鍛練の厳しさは弟子に対しても同じく凄まじいものだった

らしい。

休日はその前夜からぶっ通しで翌日の暁方まで合掌行気《ぎょうき》＊8――途中で便所に立った弟子に、「気が散漫だから、行きたくなるんだ」と叱りつけたという。

苟《いやしく》も、人の体に触れ、心に触れ、生命に触れることを志すものが、日常生活をどういう心構えで暮らすべきか、また自己を省みてどう鍛練すべきか、そこには真剣勝負の気魄さえあったのだろう。

そういう厳しい生活の中で、先生は心の世界を、追求して、さまざまな実験をした。その話を聞くと、私はとてもついていけない感じがした。

「〝冷暖自知〟という言葉があるが、僕は、人の言ったことや書いたことは、一切信じなかった。自分で感じたこと、体験したこと以外は何も信じなかった」と先生は言う。

そこで、道場では、指針術、心霊術、催眠術、透視術などの実験を盛んに行なったらしいが、先生が最初から潜在意識の世界に興味をもっていたことは、これによっても明らかであろう。しかし、ある時から、そういう実験を、ぴったり止めてしまった。

そのことについて、先生は人に語ることを好まなかったし、戦後、私たちがそういう実験をいくら頼んでも、「下らないよ」の一言で片づけられてしまった。

それは先生の人間探究が止まることのなかったことを物語るものであろうが、しかし、そのことに触れなければ、それらの実験を通して得た先生の人間観というものが語れないような気がするのである。

先ず指針術――。

「指針術というのは、畳針を使うんだ。腕の筋肉を、こう抓《つま》んで刺すときに、下腹にウムと力を入れて刺すと、全然痛くないし、抜いても血も出ない。ところが、痛くなくても、〝痛い！〟と口に出して針を抜くと、血が出る。これがとても面白いと思った。

生きものは怪我をして出血しても、自然に凝固性が亢《たか》まって傷口を蓋してしまうように出来ているんだ。人間だけが出血多量になったりするのは、ハッとしたり、〝もし止まらなかったら〟という空想でつくってしまう面があるからだ。

そこで今度は、焼火箸を真赤に焼いて、握ることをやってみた。やはり下腹にウムと力を入れて握ると熱くないし、火ぶくれにもならないことが分かった。

そういうことを、講習会でも実験して、ハッと、ウムの違いを説いた。弟子だけでなく、一番前に坐っている人もつかまえて実験台にしたら、だんだん一番前に坐る人がいなくなってしまった」

と先生は、いたずらっぽく笑った。

○

透視の話は、全く不可思議な世界であった。

霊眼といって、眉間の間から気を凝らしてみると、透視できるようになるというが、その方法は教えてくれなかった。

その理由を訊くと、

「そういうことをやると、長生きしないからよした方がいい」と言った。私は咄嗟に、「それなら、長生きしないようなことはやめて頂戴」と言った。私は先生の透視能力の話を知っていたからだ。

すると先生は、

「僕は子供のときから自然に見えてしまうんだ。人の体でも、じっと見ると、悪いところが黒く見える。だから、道場で向こうから歩いて来て僕にお辞儀をするまでに、みんな判ってしまうんだ。僕が背骨を調べるのは、それを確かめるためだった」

先生にしてみれば、体に害があるというレントゲンなどをわざわざ使って調べ、それから何処がどうなっているというのでは〝遅い〟という感じだったのだろう。

「僕が困ったのは、往来や電車の中で、目の前にいる人の悪いところが見えると、手がつい出てしまうことだった。子供のうちならまだしも、年ごろになると怪しまれるからね。それでいつも腕組みしていた。

それでも、そこの黒く見える人は、どういう歩き方、喋り方をするか、あとをつけて観ていたこともある」

先生の人間観察は、最初にぱっと個人の本質を把握してしまうというか、直観的に解ってしまうものがあって、それからそれを実証すべく、緻密な観察で裏づけていく。

体癖論は、三十代の後半から四十代にかけてまとめたもので、個人を動かす勢いと感受性の方向を理論化し、類型化したものであるが、ゆるぎないものがあるのは、そのためだろう。

しかし、その下地はすでに、日暮里時代から培われていた。

「そのころ、僕は動物で分けていた。あれはキリンのタイプとか、白熊のタイプ、豹のタイプ、洗い熊のタイプというように……。

あるとき、ある女の人に、〝あなたはオットセイに似てる〟と言ったら、〝まあ、そうでございますか〟とニコニコしていた。

何年か経ってある日、凄い見幕でやって来て、〝先生はいつか、私のことをオットセイと仰っていましたね〟と怒っていた。訊けば、その日、動物園で、生まれて初めてオットセイを見たそうだ」

ある人はこう言う。

「大体、霊感的な勘の優れた人は、理論構成には不得手であり、理論的な頭の人は、勘が働かない、ところが、野口先生は、その両面をもっておられたんですからね」と。

○

しかし、日暮里時代はやはり不思議な話の方が多い。

中でも、Iさんの話は、何故か私の妹を思い出させる。

「日暮里道場に来ていたIさんという女の人は、結核だった。

ところが両親や親戚の人たちが反対して、病院に入れてしまったので、僕もIさんのことは、すっかり忘れてしまっていた。

ある日の夕方、道場の階段を上がって二階の書斎に行こうとしたら、急に体がだるくなり、気分が悪くなり、そのまま階段の途中で、寝てしまったんだ。その時、Iさんが死んだことを感じた。

それから何日か経って、Iさんの両親が訪ねて来ていうには、娘は病院で亡くなったが、その霊柩車がどうして道を間違えたか、この道場への道を曲がって来てしまった。

運転手は、道を間違えたことに気づいたが、道が狭いために道場の門の中にバックで入り、方向転換して、火葬場に向かった。娘がそれほど先生の処へ行きたかったのかと、その時初めて気づいたというのだ。可哀そうなことをしたと涙を流していた」

先生のこういう特殊な現象は、ラッポールとか、テレパシーとかいうものであろうが、先生はもっと不思議な話をした。

「僕は日暮里時代は夜遅く原稿を書いたまま、眠ってしまうことが多かった。

ある晩、机に突っ伏して眠っていると、危篤状態だったMさんというおじいさんが机の前に坐っているんだ。〝遠くへ行くから御礼に来た〟というから、〝死んだのですか〟と訊くと、頷いてすーっと消えた。

ところが翌日、Mさんの家に呼ばれて行くと、おじいさんは、ちゃんと生きている。そして、昨夜来たことも何も知らないんだ。Mさんは、それから四日のちに亡くなった」

私は、先生の悋気を受けていた人が亡くなるとき、誰よりも先ず、先生のことを思い浮かべる、それを先生がすっと感じるのだと思った。

そういうとき、先生は、ほんとうにその人と同じような状態になり、手足も冷たく、顔色も蒼ざめて、そのまま静かに寝てしまうことがよくあった。初め何も知らなかった私は、気も転倒するばかりに驚いて、必死になって悋気した。ところが、しばらくしてパッと起き上がると、ケロッとして、

「今、何時？」と訊くので、私が、「○時○分」と答えると、

「今死んだ」と言うのである。

だから家族の方からお知らせがある前に、大抵は、その時刻まで知っていたのである。

こういうことは、先生の指導が単なる小手先のものでなかったことを物語るもので

あろうが、それを目の当たりに見る度に、私は、

「心のみ実在する」

という先生の言葉を、改めて実感するのだった。

○

催眠術の実験は、日暮里時代に最も盛んに行なったらしいが、その方法や状況について、私は余り深く知らない。

ただ、それらの実験を通して得た人間の潜在意識の世界、心の構造というものは、先生の心理指導の重要な素地になったといえよう。

やがて催眠術を捨てた先生は、今度は、人間を催眠状態にしないで、さりげない対話の中で、潜在意識教育による個人指導の方法を考え出すのである。

ただ、先生が何故、催眠術の実験をやめてしまったかについて、書いておきたい。

「催眠状態には三段階あるが、〝わきが〟なんかは、第一段階で、嫌な匂いを、よい匂いにすりかえてしまうことが出来る。面白かったのは、Kさんの娘が困っていたのでモデルにしたら、傍で見ていた友達の〝わきが〟まで治ってしまったことだ。

ところが、だんだん催眠状態が深くなって、第三段階に入ってしまうと、こちらの思うままに、魂を自由に飛ばすことが出来るんだ。

ある人をそういう状態にして、自分の実家のある関ヶ原の家を見て来いと言ったら、〝寒い、寒い〟と言うんだ。〝どうして寒いのか〟と訊くと、〝雪が降っている〟と言う。こちらは天気なのに可笑しいと思って、電話をかけたら、やはり雪が降っているということだった。

また、ある日のこと、二つの部屋を襖で仕切って、片方の部屋に人形を寝かせ、片方の部屋にある女の人を寝かせて、深い催眠状態に誘導してから彼女の魂を人形に移した。

それを確かめるために人形の腕に針をさすと、〝痛い〟と言う、そして針を抜いたら途端に、血が出たんだ。

それを見た瞬間、ハッとして、

〝こういうことは、魂を冒瀆するものだ〟と思った。僕はそれきり、一切の実験をやめてしまった」

私はそのときの先生に、ある厳粛な何かを感じた。そして先生の人間に対する、いや生きものに対する、心の姿勢の謙虚さの所以を、初めて理解できたような気がした。先生の、〝操法に於ける礼〟ということは、単なる形式的なものではない。先生が胎児にでも話しかけるというのは、すでに魂の宿った一人の人格として、その魂に話しかけていたのだろう。だからこそ、先生が、「逆さまだよ」と言うと、逆児がくるっと直ったのだ。

私は、先生が私に遺してくれた最大の教えは、あの亡くなる二日前に、はっきりと示してくれた〝魂の離脱〟だと思っている。

あの時、私は何故一人きりで離れて坐っていたのだろう。先生は何時《いつ》もの椅子に斜めに腰掛けて、陶然と何を夢みていたのだろう、微かな笑《え》まいさえ浮かべて……。その時だった、すうっと一筋の白い煙のようなものが先生の背後から立ち昇っていったのは。

〝死とはこういうものさ〟私は今でも、先生がそう語りかけているような気がする。しかし、それはすべての人の魂を、また自らの魂を、何よりも大切にして生きた人にのみ与えられる安らぎの笑まいだったのだろうか。

# 花紅柳緑

花は紅、柳は緑

という禅語があるが、私には、〝体癖〟という意がここに端的に表現されているように思えてならない。それは、花は花の、柳は柳の、個性を活かしながら、しかも宇宙の息の中で調和しているという意だからである。

先生はよく結婚する二人に、この言葉を贈った。〝花の紅と柳の緑が混ざり合って、茶色になってしまうな〟ということなのだろう。

先生の体癖研究は、まさに個の探究であり、その個々が、社会生活に於ける複数の関係の中で、如何にして調和を保ちながら全力発揮してゆくか、その道を拓くことにあった。

複数の関係というのは、例えば私のような上下体癖の人は、一人でいるときは、本を読むか、さもなければ寝そべってのんびり雲を眺めていて飽きない。ところが複数でも、九種と共にある時は何処か緊張して弛まないとか、三種には気楽さを感じるが何かもの足りないとか、捻れには何となく圧迫感を感じるというようなことがある。しかも、九種のこういうところには憧れるが、こういうところは我慢ならないと思う。ところが誰もがそう感じるかというと、他の体癖の人はそれ程感じていない。こういうことが、どの体癖の人にもあるに相違ない。

だから、ある人がある人を批評したとしても、それはその人の体癖的な感じ方で、ある人のある面をクローズアップして感じているといえないだろうか。従って、そういう場合は、自分の体癖がむしろ如実に出ているともいえよう。

先生はかつて、「僕の体癖各論は、僕の九種的な感覚で観た各論であって、他の体癖の人が観た各論が、それぞれあったら面白かろう」と言ったことがある。

そうなると私の語る先生の思い出も、上下的な感覚で観た先生の一面ということになるのかも知れない。

○

人は自分にないものに憧れる。

三十年間共に暮らして、私が一番憧れていたのは先生の対人説法の妙味である。天衣無縫というか、当意即妙というか、心に滲みるような一言があるかと思えば、皮肉あり、揶揄あり、活殺自在とはこういうものかとさえ思われた。

ある内弟子が帰りの遅い日が続いた。その夜も遅く帰って来ると、いろいろ言い訳めいたことを言う。黙って頷いていた先生、その弟子がドアを開けて出ようとした瞬間、

「君、ちょっと」と言った。不審げに振り返る弟子を、上から下までじっと見つめて、

「ハイ、よろしい」

弟子は何となく固くなって出てゆく、先生は私の方を見てニヤリと笑った。

「女を背負っていたんだよ」と。

私はその時、人を動かすのは言葉ではないと感じた。先生の、あの無言の、鋭い眼差しには、ある暖かさがあったからだ。しかも「ちょっと」と呼び止めて「ハイ、よろしい」と言うまでの、息づまるような〝間〟の使い方、呼吸の技術をまのあたりに見る思いだった。

またある弟子は、ある時から気が散ってフワフワしていた。ある日の午後、先生はいきなりその弟子に文句を言った。

「僕の下ばきを何故縫った。小便する時に困るじゃないか」

ハッとしたが、そんなことをした覚えは全くない。先生は何故あんなことを言うのかと、急にそのことだけに気が集注してしまった。するとその夜、先生は廊下ですれ違いざまに、その弟子に言った。

「君、あの下ばきは後前《うしろまえ》だったよ」

「心の角度をフッと変えると、人間はその全部が変わってくる」と先生は言う。しかし、何故こうも、自由自在に相手の空想を駆使して、緊《ひき》めたり弛めたり出来るのだろう。

これは考えて行動する上下型には、とても出来ないことである。私などは、叱言を言わなければならない場合、こう言えばいいか、それともこう言った方がいいか、こう言って相手がこう言ったら何と言おうか、などと、頭の中で運動会が始まる。揚句の果ては草臥《くたび》れて言うことをやめてしまうとか、時によい文句が浮かぶと、それで満足してもう済んでしまったようなつもりになるとか、たまに思い切って言ったときはもう間が抜けているということになる。

それが九種の眼から見れば、歯がゆいらしく、

「考えて動くものは機を逸する、一つ遅れるんだよ、それに人によく見られようとか、よく思われたい気があるから、言うべきに言えない」と手きびしい。自分というものがある限りは、ほんとうの指導ということは出来ないという意なのだろう。

○

上下型が毀誉褒貶、人の眼を気にすると言われても、それは否定できない。だからこそ私は、臨済の「分明《ふんみよう》に与麼《よも》に道《い》う、天下の人の貶剝《へんぱく》するに一任す」(見る人の眼に任す)と喝破する心境に、ある痛快さを感じるのかも知れない。私が臨済を読んで、最初に心打たれたのは、この言葉だったのである。

それでも尚、先生と行動を共にするとき、恥かしさに身の縮まる思いをすることが、しばしばあった。

例えば、音楽会に行ったとき、先生は気にいらないとすぐ「帰る」と言い出す。第一楽章が終わったとはいえ、今、立てば、満場の視線を浴びることになる、だから

「もう少し聴きましょう」と懸命に引き止めると、やおら立ち上がって、さーっと行ってしまう、仕方なしに立ち上がって、私はまるで罪人のように俯《うつむ》いて足早に場外に出る。途端にムシャクシャして文句を言う。

「いやーね、ほんとに。恥かしくないの？」

「誰もあなたが気にする程見てはいないさ」

そういえば、そうかもしれない。


またいつか、秋の京都講習のあとのこと。

車を走らせながら突然、芳春院（大徳寺）に行こうと言い出した。芳春院は、かつて講習会場にしていただいたことがあるし、芳春院さんは、開捻れ体癖の面白い和尚さまだった。亡くなられたということで、お詣りしようという気になったらしい。

「それなら一寸、お香典袋を買ってから行きましょう」

「必要ない」

「じゃ、何かお供えを……、お花でも買って行きましょうよ」

「必要ない」

そのうち、大徳寺に着いてしまった。

先生はカランコロンと朴歯の下駄を鳴らしながら、芳春院の玄関の戸をガラリと開ける。大黒さんが出て来られて挨拶、部屋に通ると、先生はいきなり言った。

「半紙と硯と筆を貸して戴けませんか」

私はまだ先生の意図が解らなかった、大黒さんも恐らくそうだったろう。するとさし出された紙に、懐から出したお札を包んで、

「御香料　野口晴哉」

と墨痕鮮やかに書いたのである。私は何とも恥かしくて小さくなっていた。

それでも、お茶を出されて、漸く落ち着くと、ふと、「白雲影裏笑《えいり》呵々」という語が浮かんできた。

○

先生が体癖というものを、まとめて体系化しようとし始めたのは、昭和三十年ころだったろうか。

泉の湧き出るように書き流す左書きの原稿を清書しながら、私はだんだん体癖ということが解りかけて来た。そして体癖を理解することで、人間同士が、お互いを許し合う生活が出来るようになるのではないかと思うようになった。

そのころ、先生はまだ治療ということをやっていて、プロの人たちに講座を開いていた。

やがて、その治療を捨てて、その人たちとも訣別することになるのだが……。

ある日、「施療」ということについて話をした。「自分は施療ということをしたことがない、下町の貧しい人たちの所へ行っても、たとえ、一銭でも五厘でも、受け取った。受付けの桑島というじいさんが、車代や電車代の方が高くつくんだから、それならいっそ施療にしたらどうかと言った。しかし私は〝たとえ、僅かでもその人たちの御礼したい気持ちを受けとることは嬉しい〟と言って、その言を容れなかった」と。

私はこの話に、何故か胸を打たれた。先生はいつか、「貧乏したことのない人には、貧しい人の気持ちは解らない。貧しい人ほど、人から恵まれることに侮辱を感じるものなんだよ」と言ったことがあったからだ。恵むとか、施すとかいう気持ちの中に、ほんの少しでも優越感が潜んでいないか、もし、あったとしたら、それが無意識に人を傷つけていることに気づかねばならない。

その講座のあと、誰かが忘れて行ったノートを一寸開いてみると、「施療」と題して、「治療とは金をとることなり」と、大きく書いてあった。私は吃驚《びっくり》して、それからガッカリした。

また、そのあと、二、三人が残って屯《たむろ》している中で、

「野口さんには慈善の心なんてないんだよ」と得々と喋っていた人がいた。

その時、私は、いかに体癖とはいえ、人間の感じ方の余りにも相違のあることを実感すると同時に、花は紅、柳は緑と客観していられない、いいようのない腹立たしさと哀しさがこみ上げてくるのを覚えた。

# 何故分からない

終戦後、雪深い新潟から帰って、下落合の道場に移ったとき、先生は三十五歳であった。

ある夜、私は内弟子の人たち（加藤さん、山根さん、堅田さん、森さん）と、指の感覚を敏感にする訓練法をやっていた。

初めはテーブル・クロスの下に縫い針を入れて、その位置とその方向と目がどちらにあるかを感じ当てるのである。それを二枚、三枚と、だんだん厚くして行って、厚い毛せんになると、なかなか判り難い。

みんなで這いつくばって、懸命にやっていると、先生が入って来た。

「何をやっているのか」

「針がなかなか見つからない」

と言うと、先生は足袋をはいたまま、爪先で、
「ここにある。こういう方向で、目はこっちだ」と言った。
毛せんをめくると、その通りだった。
みんなガックリした。われわれの指は、先生の足袋をはいた爪先よりも鈍いのかと
……。
「何故分かるの？」と私がきくと、先生が言った。
「何故分からないのかな」

その道場は、玄関から広い階段を上がると、左右に道場と住居が分かれていた。
朝は内弟子も一緒に、朝粥や、スイトンを食べることになっていた。ある日、先生
が、
「犬は、頭が悪い犬ほど沢山食う」と言った。すると、犬でもないのに、みんな少食
になってしまった。私がお鍋の蓋を開けて「お代わりは？」と言っても、誰も、「い
え……もう結構です」と言う。先生は知らん顔をして、自分はお代わりをしながら、
よく階段を上がってくる人々の足音を聞き分けた。それればかりでなく、まだ見ていな
い体の変化まで言い当てた。例えば、

「今のは、今井のデブさん、今日は、左足の足首をこわして来た」

「どうして分かるの？」

いつもなら、突っけんどんに、

「プロだからさ」とか「それが分からないで操法できるか」などと言うのに、その時は珍らしく親切だった。

「左足の足音がいつもと違う。踵のつき方が弱いんだよ。誰だって興味をもって、一人一人を丁寧に観ていれば、分かることだよ。分からないのは真剣に観ていないからだ」


ある日、レントゲン写真を沢山もって、面会に来た人があった。その人が帰ってから先生が言った。

「いくらレントゲンで写しても、切り開いて見ても、借金も、失意も、嫉妬も見つからないよ。重要なのはそういうことなんだ。

幸いなことに、背骨は外から指で触るだけで、みんな喋っているんだよ。口は嘘をつくけれども、背骨は嘘をつかない。だから面白くてやめられないんだ。僕から言えば、人間は背中が表で、顔は裏なんだ。何十年ぶりで会った人でも、背骨を見れば思い出す」

確かに、それはほんとうだった。そのころ浅草や、新宿をブラついていると、よくいろんな人から挨拶された。

「今の誰?」

「知らない」

「だって、挨拶してたでしょ」と言うと、振り返って、後姿を見た途端、

「ああ、○○さんだった、日暮里時代に来ていた人だよ」

ある時、先生が「新宿で会った」と言って、日暮里時代のSというお弟子さんを連れて帰って来た。

先生が今のお弟子さんに、わりに優しく話しているのを、じっと聞いていたSさんは、先生がいなくなると、私に言った。

「今のお弟子は、幸せですね。昔の先生は、震え上がるほど、おっかなかったですよ。休日の前夜から休日一ぱい、翌朝まで、ずーっと合掌行気で坐らせられましてね。小便に立ったりするとあとで怒られるんです、〝精神が統一していないから行きたくなるんだ〟って……。

私などは、〝お前はまだ人間は早すぎるから犬から始めろ〟と言われて、先生の愛犬の食事から散歩までやらされました。ちゃんと散歩することもありましたが、時に近くの原っぱの大きな木に犬を繋いで昼寝して帰ってくると、一目で見破られましたよ。犬が運動していないって……それに何時に食べさせたら、どこで小便し、どこで大便するかぐらいは分からなくては駄目だと言われましたが、遂に分かりませんでしたよ。ともかく日に何回も、犬の四つ足を雑巾で拭いて、家の中へ入れるんだから大変でしたよ」

私はその人のその格好を想像して、つい笑ってしまった、彼も笑いながら、昔を懐かしんでいるようだった。しかし、私はこの人は遂に先生の心は分からなかったろうと思った。

先生は、もの言えぬものの訴えをきくことが指導の根本であることを、犬を通して教えようとしていたのに……。

○

「どうして分かるの？」

先生に対する質問の中で、これ以上の愚問はない。この愚問を、私は何度発したことだろう。私ばかりでなく、先生に接した人ならば、誰も「どうして分かるんだろう」と思うことが、しばしばあったに違いない。

これは逆に先生の方から言えば、「どうして分からないのか」或いは「どうして僕に分からないつもりでいるのか」ということだったかもしれない。

先生の写真集の中に、眉をしかめ、歯がゆさと焦らだちと不安と諦めが混然としているような複雑な表情のスナップがあった。

私が笑いながら〝この顔!〟と先生に見せると、

「僕は講習生の練習を見ていると、いつもこういう顔になるんだ」と苦笑した。

ある時、高等技術の伝授会で、途中から急に話題を変えてしまったことがあった。

その理由を尋ねると、

「盲人に色を説くようなものだ」

と言った。その横顔にふっと寂しい影が走った。先生は遂に〝脈の質による体の波の観方〟を説いてくれなかった。体癖で何型何種の何類が残らないのはそのためである。

それでも、「自分の説き方が悪いのかも知れない」と言って、その説き方をいつも工夫していた。

「どうして分からないのか」が「どうしたら分かるか」に変わっていった。「昔は難しくて分からなかったが、近ごろのお話は分かり易くなった」と人々が言った。しかし、そういう先生を見ていると、私はふっと哀しくなるのだった。

達磨の面壁九年というのは、何を言っても分からない人たちを壁にたとえたのだろう、そういう達磨の心を一番よく知っていたのは先生だったかも知れない。

〇

分かるということは、その人の能力の範囲で分かるしかない。そして我々は、自分の分からないことは「不思議」という言葉で片づけてしまう。

そういう意味で、先生という人は、全く不思議な人だった。

一番不思議だったのは、先生が人の死を予知することだった。

電話の音を聞いただけで、よく、

「今のは死ぬ人から頼まれる電話だ」と言った。

「何故分かるの？」

「鳴り方が違うんだ」

ある日、先生が言った。

「僕は子供のころ、この人は死ぬ、この人は死なない、ということが分かったんだよ。僕が死ぬと言うと、必ず死ぬし、死なないというと、臨終だと言われている人でも、生きてしまう。だから、神童だと言われて、いろいろの病人のところへ連れてゆかれた。

鳩尾の剣状突起のすぐ下の禁点に硬結が出ると、四日以内に死ぬということを見つけたのは、愉気するようになってからだ」

私は先生が二歳のときから九歳まで伯父さんの家に預けられていたことを知っていたので、出入りする大勢の患者を、あの澄んだ大きな眼で、じっと見ている少年の姿を思い浮かべた。

驚くべきことは、今の学問が、人間はどんな要素から構成されているかを分析追究しているときに、先生は最初から〝それらの要素を集める力は何か〟ということに着眼していたことである。

「その力を失ったものは、どんなことをしても死ぬ、その力のあるうちは生きると、僕は簡単に結論を出していたんだ」

この少年の発想は非常に単純であるが、真理であり、的を射ていると思う。

私は先生の全生の思想が、死を見つめることから出発していることが、何となく分かるような気がした。

○

「人は生きんが為に生くる也
生くること　即ち人の目的也　使命也
人の生　人にあるにあらず　自然にある也
されど　人なくして　なんの自然ぞ
自然　人によりて生くる也
人あるが故に自然あり
人　生くるに信なかるべからず
人に自然の力具わる
自然の力　人を通じて作用する也
人　これを自覚して活用すべし」

この十代のときの思想は、先生の一生を通して変わらなかった。

しかし科学の進歩は、人間が自分自身の裡の力を発揮することを忘れさせ、知識によって生きているように錯覚させた。病気はおろか、出産まで摘出になりつつある世の中に、先生は〝生命の自然と自律〟を説きつづけた。

先生が亡くなってから、私は机の上の古い『治療の書』に一枚の原稿がたたみ込まれているのを見つけた。

いつ書いたものか、ひょっとしたら、『治療の書』に書き加えたかったものかと思いながら、読み出して、私の眼はその冒頭の二行に釘づけされた。

「治療ということ、相手の体が為す也
それ以上巧妙に行い得るつもりになるは人間の慢心也……」

繰り返し読みながら、私はふと先生の声が聞こえるような気がした。

「何故、分からないのかな」

# 慎む

昭和五十年五月――。

松本での三日間の講習会で講演すべく、ベントレーで松本に行ったときのことである。

先生は早速、才能教育研究所の鈴木先生をお訪ねした。鈴木先生は〝友あり、遠方より来る〟とばかりに喜ばれ、先生と四方山話《よもやまばなし》が弾んでいるうちに、何を思いつかれたか、御自分の揮毫を、どれか私に下さると言われた。

数ある中から、私は、

「愛深くして為すこと多し」

というのを戴いた。

ホテルに帰って、壁にかけて眺めていると、いつのまにか先生が後ろに立っていて、

私が「これ、いいでしょ」と言うと、

「これは上下型の人のいう言葉だ。僕なら、〝慎むこと多し〟って書く」

と言った。

先生は、よく人の意表をつくようなことを、ひょっと言う人だったが、その時も、私は何かハッとして、先生の言ったことの意味が、すぐには理解できなかった。


講習を終えて、帰りの車が、新緑の塩尻峠にさしかかった時、私は初めて、そのことについて、先生に質問した。

「あの掛軸、何故〝愛深くして慎むこと多し〟なの？」

すると、先生は煙草を手にしながら言った。

「愛が深いと、疑り深くなり、束縛したくなり、相手の迷惑も分からない。それが相手にとって暴力になることだってある。揚句のはては自分も傷つくことだってあるんだよ」

○

私は今まで、私の心に画いていた観念的な「愛」というものが打ち壊されて、いきなり現実を突き付けられたような気がした。確かに、愛深き故に起こるいざこざは、この世に絶えない。安珍清姫的深情けから、子供をいつまでも自立させない母親、牛頭を抱えて草を食わせるが如き老婆親切に至るまで、数えればきりがないが、それでも、愛のない化石のような社会よりは住みよいかもしれない。

先生は、弟子を選ぶときに、整体指導者の素質として、「例えば、子供や動物が懐《なつ》かないような人、いざという時に自分のことしか考えられない人はとりたくない」と言ったことがある。

先生自身、十二歳のときに関東大震災で焼野原と化した下町で、下痢に苦しんでいた煮豆屋のおばさんを見ていられなくて、つい手を出したのが最初であった。

それ以来、病み苦しんでいる人に愉気しながら、時に自分の生命に替えてもと思ったことが何度もあったという。ある結核の少女が、病院に入れられて亡くなる時、同じ時刻に先生も血を吐いたときく、そういう先生の心を感じるからこそ、大勢の人々が先生に自分の命を任せ、頼るようになってしまったのだろう。

しかし、先生の理想は、人をして自分に頼らせることではなく、人をして独り立たしむることにあった。〝底《てい》にも依らざる人間〟になってこそ、人は初めて自由自在になれる。「自立もしていない人間が、自由だの、独立だのというのは可笑しい」とも言った。

そして弱い人間を強く立たしむるためには、突き放すことすらあった。その時、恨まれても憎まれても、その人の、ほんとうの幸せを思えばこそのことだったろう。

開閉体癖の人は、他の体癖の人より、愛も深く激しい、しかも密度がある。九種だった先生も、きっとその愛の深さの故に、人の何倍も悩み苦しむことが多かったに違いない。

もしかしたら〝慎む〟ということは、先生の自分自身への言葉ではなかったろうか。

○

かつて子供たちが幼いころ、よく転んだが、先生はすぐに抱き起こすことをしなかった。子供が自分で立ち上がってから、抱いて愉気をした。

「痛いところは、さァ、何処へ飛ばしてしまおうかな？　あの高い木のてっぺんか、あの赤い花にしようか」

子供は俄然、何処にしようかと考える。

そして「あの高い電信柱」などと答えるときには、もう転んだことも、痛いことも忘れ去っている。

私はそういう転換のうまさに気を奪われて、もっと大切なことを見失っていたようである。

それは、転んだとき、大人がすぐに助け起こすか、子供が自分で立ち上がるかということの違いである。

「転んだときに、一度誰かに助け起こされた子は、自分で起き上がることをしないで、誰かが来てくれるまで泣いているようになる。それを大人になってもやっている人は沢山いる」と先生は言う。

幼児期、特に生後十三カ月間は、愛に包まれて育つことの大切さを説きながら、尚〝慎む〟ということを説くのは、大人の余分な庇《かば》いすぎが、生命本来の働きを去勢してしまうことがあるからだろう。

○

慎むということは、整体法の根底を貫く先生の思想でもある。

「技術を用いることによって、生命の自然性を乱すことがあってはならない。吾々が技術を体得するのは、例えば痛みを止める技術を身につけていれば、相手が自分の力で経過するよう、平静な心で観ていられるからだ。技術はそれを慎むために研くのだ」

これは整体法のみに限らない。

「慎むこと、抑えることがあって美しさが出てくる、露骨に示されたものに美はない」

「努力や、汗の臭いが感じられるものは、芸術とは言えない」

私はそれまで、和歌や俳句に何故窮屈な型があるのか、あらゆる芸事に何故きびしい修行があるのか解らなかったが、そのことがふと解ったような気がした。また先生が、鉢植えの花よりも、土の匂いを感じさせない生け花を好んだことも解るような気がした。

ある時私が、「若い時は茨の道だったんでしょうね。世間が理解どころか、異端者扱いして……」と言うと、先生が言った。

「僕の戦いは、外部との戦いではなく、僕自身との戦いだった」と。

私はびっくりした。先生の眼は外に求めることなく、自己の内面に最も厳しく向けられていたのだ。「自彊不息」とは、先生が十代から一貫して使っていた遊印の言葉である。

しかし、指導するときの先生の一言、一句には、そんな厳しい自己鍛練のあとも、九種独特のあくの強さも、執拗さも、野蛮さも、微塵も感じられなかった。そこには自由で洗練されぬいた自然さがあり、天衣無縫としか言いようのないものがあった。

人は、それぞれの体癖によって、あることにこだわる感じ方がある。

ある人は人の眼や面子《めんつ》にこだわり、ある人は利害に、ある人は勝敗にこだわる、趙《じよう》州《しゆう》のように、好き嫌いさえしなければ至道無難という人もある。

もしも、そういうこだわりが、何かのきっかけでふっ切れたとき、人は自らの体癖をも自由に使いこなして〝随処に主と作《な》る〟ことが出来るのではないか。

そして、その可能性は、先生自身によって示されている。

# 気づかい

下落合の道場に住んでいたころのことである。山口から速達が来て〝同封の写真の人が自分の結婚相手として、体癖的に適《あ》うかどうか、至急御返事をいただきたい〟とのことであった。

先生は例の如く、虫眼鏡で写真を見ながら〝この人はいいと思います〟と電報を打つよう、弟子の一人に命じた。

彼は字数を数えながら、私に、

「〝コノヒトハヨイトオモウ　ノグチ〟なら、十五字以内ですから……」

と出かけて行った。よく気のつく人だと感心して、先生にその話をすると、

「オモウとオモイマスでは相手の受けた感じが違う。料金の問題じゃない。すぐに追いかけろ」

と叱られて、あわてて、自転車で追いかけたことがあった。

善意の気づかいでも、こういう行き違いが起こるのは、感受性の内容が違うからである。

そのことをもっと痛切に感じたことがある。

それは〝人を待たせる〟ということについてである。私は人を待たせると思っただけで気が落ちつかなくなる。それなのに先生は平然としているのだ。だから、ハラハラ、ソワソワするのは、いつも私の方である。

ある休みの日、先生に是非御相談したいことがあると、狛江に訪ねて来た人があった。

「お会いになりますか」と訊くと、

「会ってもいい」

そこでお通しして、お茶を出して、ちょっとお天気の挨拶などして、それから先生を迎えに行くと、トイレに入って本を読んでいる。十分が、三十分になり、一時間になっても出て来ない。催促すれば捻れて余計長くなるし、待っている人には何とも合わせる顔がないし、私は廊下をウロウロする。遂に、二時間にもなると、「お忙しそうですから、又参ります」と帰ってしまわれた。

「もう帰られたわよ、大体、失礼よ。会う気がないなら、初めからお断りになればいいのに……」

と私がムシャクシャして先生に言うと、先生が言った。

「失礼なのは向こうだよ、待たされたら帰る位の用で、僕の休みをつぶそうとするんだからね。僕はちょっととか、いい加減で、人に会うのは嫌なんだ。だからその人に会う気が起こるまで待たせたって失礼とは思わないよ」

そういわれて、私は初めて先生の真意に触れたような気がした。私はただ、待つ人の身になって、待たせるのは悪い、気の毒だと思っていたに過ぎない。

しかし、先生は、人一人に会うにも、全身全霊で会おうとしている。この哀しいまでの真剣さ、厳しさが根本にあって、整体指導者としての気づかいがあるのだ。

○

今、道場と狛江には、合せて十人以上の内弟子がいる。

先生はここで勉強することは、技術よりも整体指導者としての「気づかい」「気配り」「気働き」だという。書斎当番、電話応答、レコードの選曲を初めとして、先生の衣類、入浴、掃除、整理等々……、それら日常生活の全てを通して、むしろ、〝人間づくり〟だと言えるかも知れない。楽しみなのは誰も、二年、三年と経つうちに、その人なりに、気づかいが緻密になり、同時に全体にも気が配れるようになってくることだ。

ある内弟子は、先生の入浴温度が一カ月間、毎日、先生の欲する温度に湯加減できるようになったという理由で、卒業して行った。

「一つに通じれば全部出来るようになる」と先生は言う。しかしその〝一つ〟は、それぞれの体癖や気構えによって、〝この人がこう変わってくれば……〟という目処《めど》が違うらしい。

頭のよい優秀な内弟子がいた。ところがある日、猫が彼を見るとパッと逃げて行ったのを目ざとく見つけた先生が、私に言った。

「猫が逃げるようでは卒業はさせられない、子供の守りもまかせてはいけない」と。

先生は決して当人には言わない。私がつらいのは、それを彼に伝えてはならないことなのだ。もし伝えて、彼が意識して猫を可愛がっても、それはつけ焼刃にすぎないからだ。

不思議なことに、彼が見合した相手と婚約するころ、猫もいつのまにか、なつくようになっていた。そこまで何年も待った先生の息の長さに呆れると共に、私もまた〃信じて待つ〃ということを覚えた。

しかし先生は「気づかい」とか「気配り」は、気を集中すれば育ってくるが、「気働き」というのは素質だという。水を欲するときには水を、お茶を欲するときにはお茶を出す、そういう気働きは、勘に通じるものなのだろう。

下落合にいたころ、先生がある内弟子を配膳当番にして、「僕の食事が終えたときにすぐお茶を出すように」と言った。

ところが、その人はいつも間に合わない。ひと月経っても同じなので、不思議に思っていたら、ある日、他の弟子が私に言った。

「奥さま、Mさんはいつも障子の小さい穴から、先生の御食事を覗いております」と。彼は一生懸命覗いていて、終わったと見るや急いでお茶を淹れにゆく。だから間に合わないのだ。

また、夜の冷えを防ぐため、夕方は早目に雨戸を閉めろと先生が言うと、春になって日が長くなっても、明るいうちに閉めてしまう。私が注意すると「いえ、先生がそう仰いました」と頑として譲らない。

「この石頭め！」と内心思うが、彼は可哀そうなほど、懸命で、忠実で、いい人なのだ。

しかし、整体をプロとして行なう者は、環境の変化、気温・湿度の変化、あるいは生理的、心理的な変化に応じて、絶えず変わる人間の動きを観察し、その時そのように対処できる勘がなければならない。

ある日、先生はその弟子に言った。

「何か他の職業を見つけた方がよい」と。

四年ほど前、私が新宿の地下街を歩いていると、「奥さま、お懐かしゅうございます」と声をかける紳士がいた。Mさんだった。

「あれから、もう二十年近くなりますね。うちはみんな元気です。それよりあなたは？」

「私は不動産の会社に入りまして、今では家を建てまして、子供も三人おりまして」

几帳面な言葉のつかい方に、昔の面影があった。

「よかったですね」

私は心からそう思って、彼と別れた。

○

先生が弟子を見る眼のつけどころで、誰も気づいていないことがある。それは、その人の占める位置が、きまっているか否かということである。

操法をする場合、相手に対してどの位置に坐るかで、その人の上手、下手はすぐに判るという。先生に言わせれば、坐る位置はたった一つしかない、一センチずれても違う。そこにピタリと坐れるようにならなければならない。その位置に坐れなくても、それが不安定だと感じてすぐ坐り直すならまだよい、鈍感な人は、感じないまま、強引な力を使うという。これは操法に限ったことではない、お茶の点前《てまえ》でも、自然に位置のきまった人の動作は美しい。

日常生活でも、例えば部屋に入って来てものを言うとき、先生が本を読んでいるときと、テレビを見ているときと、自づから立つ位置が異ならねばならない。気づかいのない弟子は、テレビの前に立ちはだかって、ものを言う。

そんなとき、先生は返事でない返事をする。

「君、もう少し右へ寄りたまえ」

また、体癖によって相手の向き易い方向から話しかければ、話が通るということがある。私なども向き難い方向から話しかけられたり、映画を見たりすると、草臥《くたび》れ易いし、他のことを考えてしまうことをよく体験するが、そういう意味でも、位置ということは、いろいろな問題を含んでいる。

○

気の使い方にもいろいろある。

あれこれ気を使い過ぎて、手も足も出なくなっている人がある。人の迷惑など考えずに気づかいを押し売りする人がある。一対一でなく複数の中での気づかいということもある。

ある人が結婚早々の友人の家を訪ねた。

「その奥さん、キレイな人ですが、亭主にだけ至れり尽せりなんですよ。僕が行って、亭主が座蒲団って言うと、亭主に出して、僕には出さない。亭主が気にして出してくれましたが。食事をしてゆけというから、一緒に食べたら、亭主には先に山もりで、僕にはほんの少しだけ……」

「まあ、失礼ね、いくら亭主思いでもね」と私が言うと、先生が横から言った。

「亭主思いなら、亭主が大切にしている友達だって大切にする筈だよ、亭主が友達に気恥かしい思いをすることだって分かる筈だよ。

それが分からないのは、私はこんなに亭主に尽していると、亭主にも、人にも見せたい自分があるからだ」と。

確かに、これみよがしの気づかいほど、嫌味なものはない。千利休は、客をもてなすため、弟子が隅から隅まで掃き清めた庭に、枝をゆすって落葉をちらしたとか……。最高のもてなしは、さりげない気づかい、気づかったことが分からないように気づかうことではなかろうか。

○

「それなら、子供を育てるときに、どんな気づかいで育てたらいいんでしょう」

と質問した人がいた。

私はふと、今年の正月に、Nさんから聞いた話を思い出した。

先生とNさんが狛江で将棋の初手合せをしたときのこと――将棋を終えて、雑談をしているところへ、コーキー[*9]（亜紗[*10]の弟）が、ニコニコしながら、這って来た。Nさんは将棋盤と駒を急いで脇へ片付けようとした。

「私は危ないと思ったんです、頭でもぶつけたらいけないと。ところが先生は、〃コーキーは、将棋をしに来たんですよ〟と、おっしゃったんです。その時は、ハッとしましたね。何と心ないことをしたかと……」

この話には、私もまたハッとするような何かが潜んでいた。それが何であるかを探りあてるように、私は心の中で、何度も繰り返して言った。

「コーキーは将棋をしに来たんですよ」

# 朴歯の下駄

お正月に下駄の話などすると可笑しいという人があるかも知れないが、私はお正月というと、子供の頃のポックリを思い出す。振り袖を着て、ポックリを履いて、祖母の家へ年始に行くのが嬉しかったからであろうか。

しかし私が今、書きたいのはポックリではなく、先生の朴歯の下駄のことである。

アッピイ[*11]は玄関にある朴歯の下駄を見ると、「ヂーヂ、ヂーヂ」と言う。

確かにその下駄は日本に、いや、世界に一つしかない特製のものである。

先生は十代の頃からこの下駄を愛用して、大道を闊歩《かっぽ》していたらしい。事の始まりは、雨の日に車から降りようとしたら、ひどい泥濘《ぬかるみ》で、草履では降りられなかったからだという。

確かに雨の日は長靴の代用にもなるし、街の雑踏や混んだ電車の中では、足を踏まれることがない。朴歯の下駄のよさはもう一つある。季節の変わり目には湿度計にもなるということである。秋から冬へかけて、空気が乾いてくると、カランコロンという音が遠くまで響くが、春から夏にかけては響かなくなる。その音を聞き分けながら湿度と体の変化を知ることができるというのだ。

だから、戦災で下落合の道場が焼けたとき、先生が自ら持ち出したものは、カザルスのレコード（バッハの無伴奏ソナタ）と、梧竹の屛風と、朴歯の下駄だった。

何か事が起こったとき、咄嗟にとる態度で、その人の体癖、何を大切にしているかが判るというが、ある人は食べものを、ある人は子供を、ある人は怪我人を、ある人は宝石を、ある人は現金をというように行動するのだろう。

ハリウッドで大火災があったとき、ある富豪が、クリネックス一箱だけもって出て来たという話を聞いたことがある。

それ程大事な下駄だから、戦前には何足も持っていた。補欠の補欠の補欠がないと安心して使えないからだ。そしてどの下駄も、前の内側が歩くときぶつかり合うのか、すり減っていた。これは体量配分計[*12]を測るまでもなく、前の内側に力の入り易い、縮まるとか、緊《ひきし》まるとかいう方向に力が偏り易い体癖、つまり九種の履く下駄であること、一目瞭然であった。

終戦後三、四年して、たった一つ残った下駄を、先生が落としてしまったのは、関西講習に行くときであった。

もうとっくに東京駅を発っている頃だと思っているときに、電報が来た。

「ゲタセンロニオトシタ　スグオクレ」

これはまた、何ということか、ともかく落としたのなら、東京駅の線路に違いない。私はすぐ駅に近い東棉の市橋さんに、電話して助けを求めた。市橋さんはすぐに引き受けて下さった。

あとで訊くと、時間ぎりぎりに駅に着くや、動き出した列車に飛び乗ったまではよいが、下駄を片方落としてしまったとのことだった。大阪駅に着いて、片方の下駄を手に、車掌さんから借りたスリッパを履いてホームに降りたら、出迎えの人たちが吃《びっ》驚《くり》していたという。

それ以来、先生の下駄は市橋さん任せになってしまった。市橋さんの郷里は新潟である。そこの古い下駄やさんに作らせては、折にふれて届けて下さるので、また補欠の補欠が何足もあるようになった。近頃は朴歯が桐歯になっている。

車を運転するようになってから、先生は皮草履も履くようになった。しかし、先生が乗る車の中には、必ず下駄と草履を積まなければならない。急に車を乗り換えた時など、うっかり積み忘れたら大変である。トタンに不機嫌になる。

「維摩《ゆいま》の沈黙雷の如し」と言うが、維摩もきっと、九種だったに違いない。旅行のときは、下駄か草履を入れる袋をいつも持参しなければならない。地方講習のときはお弟子さんが持って下さるから助かるが、荷物の多い上に下駄を持たせられたら、全くどんなお洒落も台無しである。

もう一つ、下駄で困ることは、突如として鼻緒が切れることである。それも三年か五年に一度位なので、切れた直後は用心して、麻紐など持っているが、そのうち、いつのまにか忘れてしまう。

いつか五、六人で広島の街を歩いているとき、鼻緒が切れてしまった。ともかく近くのコーヒー店に入ったが、コーヒーどころではない、みんなで手分けして、やっと文房具屋で見つけた紙カバンの手紐で代用することになったが、今度は上手にたてられない。田総さんと中野さんの二人がかりで苦心惨憺、ようやく美味しいコーヒーを味わうことができた。やはり「旅は道づれ」である。

ところが、私の朴歯の下駄に対する認識が一変してしまったのはこの秋のことだった。

それは京都講習が終わった十月三十日の夜、例年の如く、東棉の棚橋さんや市橋さんの御招きで瓢亭に行ったときのことである。

昔ながらの侘びた茶室で、四方山話に酒の酔いが快くまわるころ、何のことからか、市橋さんと下駄の話になった。

そして二十数年前、先生が線路に落とした下駄は、遂に見つからなかったこと、困った市橋さんが、駆け廻って漸く見つけた朴歯の下駄は鼻緒が白、そこで黒いビロードの掛け蒲団の襟を自宅から取りよせ、鼻緒を作り直して大阪まで届けて下さったことなど、その夜、初めて知った。

また、新潟の下駄やさんが作る下駄は、桐の丸太をぶつ切りにして雪の中に二年間、埋めて置いて使うどいうこと、その中から選ぶ正しい柾目《まさめ》のものは、少ししかとれないということなど、私にとって耳新しいことばかりであった。

手洗いに中座したとき、私はほの暗い玄関に、きちんと揃えられた朴歯の下駄の、今まで気づかなかった桐の柾目の美しさを、改めて見直した。

そこには、形以前にあるもの、長い年月をかけても最善のものを作ろうとする人、贈ろうとする人の心があった。

送られて帰る車の中で、車窓に映る古都の灯りをぼんやり眺めながら、私はふと、智門が「蓮華、未だ水を出でざる時如何」との問いに「蓮華」と答え、「蓮華水を出でたる時如何」に「荷葉《かよう》」と答えたことを、思い浮かべた。

# 空の旅

四国高松で開かれる整体指導法初等講習は二十七日にストがあるというので、急に一日、日延べされたが、われわれは予定通り、二十六日に出発、まだ見ぬ土佐を見物しようということになった。

「全日空に、大阪乗り継ぎで、高知へ行く飛行機がありますよ」とロイ。[*13]

「いやだなー、飛行機なの?」

「早くていいよ」と先生。

「でも、着くまで心配でしょ? それに足の下が何もない感じが怖いのよ」

「死なばもろともで、いいじゃないか」

結局、二対一で決定する。

雨もよいの羽田空港に着いたのは二時。

ハイジャック以来、荷物の検査がきびしい。私のは無事に通過したが、先生の手提げカバンはひっかかって、中味を調べられた。詰将棋の小冊子、ブランデーの銀びんとグラス、虫眼鏡、煙草、葉巻、ライター、ペン類、七つ道具の中の爪切りと判って通されたが、今度は私が「奥さん！」と呼び止められた。検査を見ていた刑事らしき人相の人、悪いこともしていないのに、何故かドキンとする。

「あのー、ご主人は将棋の先生ですか」

〝なァーんだ〟と思ったトタンに、いたずら心が湧いた。

「ええ、でもまだ三段なんです」

「そうですか、いや、失礼いたしました」

待合室の椅子に三人で腰かける。

「さっきの刑事さんみたいな人、将棋の先生かって言っていたわよ」と言うと、ロイが、

「おばあさんに間違えられるよりいいじゃないか」

そう言えば三年前の春、食堂車で、先生がおばあさんに間違えられたのも、四国松山講習のときであった。

先生の羽織・袴姿は、昔から人目をひくらしく、何処へ行っても、知らない人からよく訊かれる。私はいつも笑って答えず……、

「何の仕事をしているとお思いですか」

と逆に訊いてみる。

「画家ですか」

「柔道の先生ですか」

と言う人が多い中で、深大寺のそばやの主人で、近藤勇の弟子だったという白髪の老人の答が印象的であった。

「そうですなー、何か人のやっていないことを、ひとりでコツコツ研究している方じゃないですか」

「僕は身体検査されたよ。時計だったんだけど……」とロイ。

「床屋にゆかないからよ、きっと……。ママなんか全然、疑《うたぐ》られないわ」と得意になって言うと、

「女のお年寄りのハイジャックなんて聞いたこともないもんね」と逆襲された。

二時三十分、予定通り、ジェット機七二七便は離陸した。そのまま、ぐんぐん雨雲の中へ上昇してゆく。

「雨だからつまらないわね」と私が言うと、「雲の上はいつも晴れているんだよ」と先生が言う。

小さい窓から外を見ていると、雲がだんだん白くなり、明るくなり、やがて青空が見えて来た。雲の上に出たのだ。

先生が言うように、雲の上はいつも日が輝き、空は澄んでいる。それが見えないのは、雲ばかり見ているからであろう。

それにしても、あの空の碧《あお》さ！

あれは色の青ではない。荘子に、

「天の蒼々たるはそれ正色か、その涯しなき故か」とあるが、まさにその通りだ。荘子って素晴らしいなァと思う。

あの〝一たび羽ばたけば九万里〟という大鵬の話も、ここでは、すらっと信じられるから不思議だ。

ふと下を見ると、白い雲の世界――。

その雲の薄くなった切れ目に、下界が見える。まるで、湖の底にあるようだ。

それよりも、あの白い雲の光と影の美しさ。

千変万化する面白さ！

もしも亜紗がいたら、私は窓に頰よせて、こう言うだろう。

「ほーら、あの雲はアリババの洞窟よ。ずーっと向こうの海は、鬼ヶ島かな？　あ、あれは北極熊みたい」と。

亜紗はきっと言うだろう。

「バーバ、雲ノ上ニ、オンリシタイヨー」

突然、アナウンスの声で、現実の世界に呼び戻される。

もう大阪上空に来てしまったのだ。

空中にしばし止まったような感じが不気味であったが、下降し始めたのだろう。見える、見える。地球の山や、森や、人家が、まるで箱庭のよう……やがてガタンと大きく揺れて、われわれは地上の人となった。

「どう？　怖くなかったろう？」

大阪空港で一時間ほど待ち、ＹＳ11のプロペラ機に乗り換えて高知に向かう。ロイが気を利かして、先に行って取ってくれた席は、前から三番目と四番目であった。ところがこの席、何と凄まじい轟音だろう。小さい窓から覗くと、プロペラがすぐ傍だ。

私は発つ前に、本庄さんが「プロペラ機に乗るなら、プロペラの傍には絶対に坐るもんじゃありませんよ」と注意されたことを思い出した。しかし、もう遅い。

私は窓ぎわだから、特にひどいのかもしれない。先生に言うと、

「耳を塞いだらいいよ」

なるほど、違う。しかし、今度は振動が直下《じか》に体に伝わってくる。こうなると雲の美しさも何も、あったものではない。私は後席のロイに「最悪！」と言った。

「僕のところもだ。しかし、まあ、誰かが坐らなきゃならないんだよ」と私よりも大人のようなことを言う。

そういうロイも、先生も、音に関しては人一倍、敏感なのに、平気で雑誌を読んだ

り、グラフをめくったりしている。

私だけが、我慢できない程、不快を余分に感じ、気分まで悪くなってくるのは、一体、どういうことなんだろう。先生に訊くと、

「僕はすぐに覚悟した、あんたはまだ不平をもっている」

ハッと急処をつかれて〝ああそうか〟と思ったら、何だか落ち着いて来て、目を瞑《つぶ》って背骨で呼吸できるようになった。

それにしても同じ一時間がこうも違うものなのか、さっきは愉しくて、いつのまにか着いてしまったのに、今度は長く、長く感じられる。


五時三十分、初めて降り立つ高知の春は、桜がもうほころび始めているというのに、風は肌寒かった。それさえ快く感じられたのは、不快からの解放感と、無事に着いた安心感のためであろう。出迎えて下さった岡さんと荻野さん、

「お遠いところを、お疲れでいらっしゃいましょう」

「いいえ、少しも……快適でしたわ」

私は嘘でも、本当でもある挨拶をした。

# 新緑譜
## ——松本にて

一

小雨に濡れて、新緑が一きわ鮮やかな塩尻峠を越えると、松本はすぐであった。車はベントレー、そのせいか、狛江を出て四時間半というのに、少しも疲れを感じない。

「松本は何年ぶりかな」

「才能教育会館での活元会以来でしょう」

「じゃあ、もう四年になるか……」

美ヶ原温泉ホテルの特別室は三階——。

二方が開けた大きな窓から、暮れなずむアルプス連峰と、松本市が一目で見渡せる。驚いたのは、洋室の方に豪華なステレオ装置が置かれていることであった。これは田総さんが用意したものだという。

旅先で先生が、いつも家へ帰りたくなってしまうのは、レコードが聴けないからだ。先生はすぐに、シューベルトのトリオをかけて、満足そうに微笑んだ。

「今夜はここでゆっくり聴ける」

しかし、先生がほんとうに嬉しかったのは、かつての内弟子だった人の細やかな心づかいであったろう。

夜更けてかけたレコードに、「ツァラトゥストラはかく語りき」(リヒァルト・シュトラウス)があった。

私はこれを初めて聴いて感動した赤倉山荘の夏を思い出していた。あの夜は、降るような星空だったっけ……。

窓を開けると、冷たい高原の夜気が、サーッと流れ込む。山々は眠り、山麓に拡がる街の灯りの、何と清澄な夜だろう。見上げる暗い空には、星がたった一つ——。

「あの星は?」

「アルデバラン」

## 二

翌二十七日は、快晴。

「今日は才能教育の鈴木先生を訪ねて、あとで松本市内をぶらつきたい」と先生が言う。

講習会の前日に、こうして休日をとるのは、この春の高知以来のことである。身心のゆとりで、講義の構想がまとめ易いのだろう。

しかし先生は名勝の見物はしたがらない。

いつか富山で石橋さんが、「黒部渓谷を御案内したい」と言ったら、

「山と水と木と岩があるだけだろう」

と言ったので、吃驚したという。それよりも、その土地の人々やその生活が見たいのである。

先生の興味の対象は生きている人間の動きである。芝居より面白いというのは、人間の無意動作は嘘をつかないからであろう。

才能教育会館に着いたときは午《ひる》に近かった。

鈴木先生は玄関の外まで出て来られて、先生と握手された。いつお会いしても、懐かしい感じのする方だ。体癖は上下九種だろうか。

鈴木先生は、幼児の才能教育について、先生が「生まれてからでは遅い」と言ったことにとても共感され、それ以来、整体のよき理解者でもある。

七十を越しておられるというのに、子供たちのためなら九千枚の色紙を書き、五千曲の録音テープを聴くと、楽しそうに語られる。また、欧米旅行で写真を全部、自分に向けて写していたとか、計算にうといとか、いろいろな面で、〝私は野口先生に似たところがある〟と、独りで決めておられる。私はその独処一方が一番似ていると、ひそかに思った。

確かに、音楽の指導と、整体指導と、その道は異なっても、この道一筋に打ち込んで来た人には、どこか相通じるものがある。

「ところで最近、私は耳が遠くなりましてね。音を大きく、大きくと言ってしまうんですよ。それが子供たちが弾くのによい面もありますけれど、やはり困りますね」

「首が曲がっておられる。顔も右側が縮んでいる」

「あら、それなら、プリムローズさんと同じみたい……」

と私が言うと、鈴木先生はすでに御存知だったらしく、彼が先生の操法[*14]を受けて耳がよくなり、また、ヴィオラの演奏活動が出来るようになったこと、ここで見事な演奏をされたこと、この秋には来日すると便りがあったことなど、一気に話された。

「プリムローズさんのときは、私が首の歪み運動の状況を確かめて、七千サイクルあたりの音が聞こえないのではないかと訊いたんです。彼が調べて貰ったら、やはりその通りだったそうです」と先生が言う。

あんな世界的な名手でも、首の一寸した歪み運動のために、弾くことを断念せざるを得なくなるなんて、残酷だと思う。整体はもっともっと拡まらなくてはならない。

それにしても、ヴィオラやヴァイオリンを弾くときの無理な姿勢が、同じ偏り疲労をつくっていくのだろうか。


先生がつと立って、鈴木先生の首を触り、田総さんに、

「頸椎二番は左、四番は右」というが早いか、もうコキンと調整していた。アッという間で、鈴木先生は鳩が豆鉄砲をくったような顔をしておられた。不意打の効果か、呼吸の技術か、首が真っ直ぐになり、右頬の縮みが弛んで、左右同じになってきたこ

とは素人眼《しろうとめ》にも判った。

鈴木先生は「ヴァイオリンを弾く人の偏り疲労を調整する簡単な体操をつくって欲しい。そのあとで活元運動をすれば、短くてすむのではないか。私などは弾く人の格好、構えを見ただけで、音が出る前に〝高すぎる！〟なんて言ってしまうが、そういうことは、さっと判っても、体のことになると、皆目《かいもく》判らない」と言われた。

「いや、気が集中しさえすれば、誰でも判りますよ。感じるということは、考えることより、ずっと確かですよ」と先生が言うと、

「私はこのごろ、木を見ても、葉が出て、枝が伸びる、その生命力に驚きを感じる。しかし、犬や猫は、何も感じない。こういうことに驚きを感じる心を、子供の頃から育てたいですね」

近くのそば屋に昼食の予約がしてあるという田総さんが、

「鈴木先生は余りおそばを好まれないと伺いましたが……」と心配そうに尋ねる。

「いや、私は野口先生のそばなら、そばでもいい」

と笑いながら、一緒に来られた。

民芸風の「三城」で、山菜料理や、そばを食べていると、鈴木先生がいきなり、

「首が廻るようになった。今まで右に向けなかったのが、左と同じように向ける」

と、また、鳩が豆鉄砲をくったような顔をされた。

別れて会館に戻って行かれる鈴木先生の後姿を、先生がじっと見送りながら田総さんに言う。

「君、あの左の腰の動きが悪いだろう？　それを調整しておかないと、また首が曲がってしまうよ」

若葉が影を落とす舗道に、五月の陽ざしが眩しかった。

## 三

松本市内をぶらつくのに、車を先ず〝おきな堂〟というレストランの前の駐車場に入れる。ここの御主人は会員だと田総さんが言う。

川沿いに大通りへ出て、大通りをぶらつき、松本駅の近くで田総さんと別れる。彼は同期の堅田、鬼塚さんたちが着くのを迎えに行くのだが、あとで、みんながそのレストランで落ち合うことになっていた。

先生は私が民芸品の店へ入って買い物をしようとすると、すぐ外へ出てしまった。はぐれたら大変と追いかけると、五、六軒先のレコード店に入った。ここに入ったらいつ出てくるか分からない。そこで又、民芸品の店へ戻って、孫どものおみやげを買う。

レコード店を覗くと、まだ後姿が見える。〝あんなに沢山買っても、持たされるのは私だ。ロイはいないし、靴は痛いし……〟。いつか先生が、「靴が痛くなるときは体が変わったとき、我慢して履くのは体によくない」と言ったことがある。さっき大通りで田総さんが、「靴ならここの山崎屋さんが御夫婦とも会員ですから」と言っていたが、〝そうだ、あそこで買おう〟そう思うと早く行きたくなり、

「いいのがありました?」と話しかけた。

「これだけだ」

数えると十六枚もある。

果して私が持たされた。先生が手を大切にするのは当然のことだから、文句はいえない。

「これ位なら、軽いだろ」

「そうね、わがものと思えばね」

こちらは下心があるから、機嫌よく袋をぶら下げて歩き出した。「大通りへ行きま

しょう」

　ところが先生は、知らん顔で真直ぐずんずん歩いてゆく。すると川に突き当たった。

「どこへ行くの？」

「駐車場だ」

「それなら、こっちでしょ」

　と大通りのある右手を指すと、

「いや、こっちだ」

　と左へ行こうとする。

　駐車場が川沿いにあったことだけは確かであるが、右か、左か、全然、見当がつかない。人に訊こうにも、今度はレストランの名前が思い出せない。

「何ていうレストランでしたっけ」

「そんなことを覚えているもんか」

　それでいて、先生は尚も、左へ行こうとする。「行けば何とかなる」は、昔から徹した先生の生き方である。

　しかし、今の私は、この荷物で、この靴で、とても従《つ》いて行けない。かといって右と左に別れたら、また探し廻らねばならない。

私は必死になって、引き止めた。

「大通りの山崎屋さんに行けば、きっと田総さんが来てくれるわ」

閉捻れは、漸く一緒に歩き出したが、無言である。そして大通りに来ると、靴に用はないとばかりに、本屋へ入ってしまった。〃ここも又、長いに違いない。その間に靴を買おう〃と、横断歩道を走って、山崎屋さんの前まで来ると、バッタリ田総さんに出会った。

「ああ、よかった、先生はあの本屋よ、私は靴を買って、すぐ行きます」

「多分、迷っておられると思って……」と言いながら、レコードを持ってくれた。それにしても、何というタイミングのよさ！

ぴったりして履き心地よい靴に履きかえているところへ、田総さんが再び迎えに来てくれた。

「先生は〃おきな堂〃へ御案内しました。ロイちゃんも、鬼塚、堅田君も一緒です」

ホッとして全身が弛んだ。

〝右か左か、迷うときは共に捨つべし。靴を買いに来てよかった〟と思うと、新しい白い靴が軽かった。

川沿いの道を急ぎながら、私はみんなに囲まれてコーヒーを飲んでいる先生を思い浮かべる。

春雷突風　雨去る空に　花

ふと浮かんだ先生の句が、今の私の心をそのまま表現しているように思えた。

# 雪の宿

三月二十三日、午前十一時。

大阪ロイヤルホテルを出発。十日にわたる山陰の旅の出発点がここになったのは、昨夕、われわれは新幹線で、早野、吉田両君は車で東名を走って、ここに着いたからである。

同行四人、ベントレーは二十年前の調子そのまま快調である。小雨ふる中国縦貫道路をひた走りに走り、院庄《いんのしょう》から北に向かうと、突然、山脈の彼方の空に、真白な雪の峰が浮かぶ。

「あっ、雪の山!」と私が声を挙げると、

「それが困るんだよ。明日はあの山を越えるんだからね」と先生が言う。

「何だか寒いと思ったら、雪が降って来たわ、ホラ!」

「雪はさっきから降ってるよ」

「あら、そう?」前の二人がクスリと笑う。

遠くの雪に気をとられて、目前の雪が見えないとは、やはり私は上下型なのかな?

粉雪の舞う奥津渓谷は、墨絵のように美しかった。雪よ、降れ、もっと降れ!　予想もしないことなので、私の心は子供のように弾む。たとえ明日、雪のために峠を越えられなくても、それはそれでまた愉しかろう。

奥津の宿、河鹿園は、この渓谷を更に溯ったところにあった。通された二階の部屋は、山の宿にしては、広くて風雅なつくりで、大きな炬燵がわれわれには懐かしい。山峡《やまかい》の向こうに雪の山々、眼下には透き通るような渓流——車の音も、電話の音も、かかわりあう人間関係も何もない、しかも、しんしんと降る雪は、浮世を更に遠く隔絶する。

千山鳥飛絶
万径人蹤滅
孤舟蓑笠翁

## 独釣寒江雪

ふと浮かんだ詩、誰の詩だったか、思い出せない。ただ、先生がいつか「これはいい詩だ」と言ったことがある。

「こういう休みが僕にも必要なことが、初めて判ったよ」先生がポツンと言う。

思えば五十二年間、先生は、いつ、どんな時でも緊張体勢にあった。私は「寛《くつろ》ぐ」ということを知らない人なのではないかとさえ思った。地方講習のときでも、観光の話をすると、「講習は物見遊山ではない」とはねつけるし、終戦直後、招待酒のメチールで胃袋に穴をあけたときも、バスの衝突で肋骨を折り、肋膜に水が溜ったときでも一日も休まなかった。それも若いときならいざ知らず、近ごろ申し込みが増える一方で、過労が目に見えているときでも、休むと言わないのだ。

それが先月の九日、関西で転んで怪我をしたとき、先生は初めて〝休む〟ということを自ら宣言した。五十三年目の休日である。その時ほど、私がホッとしたことはない。ある方が言われた。「先生も、この機会に少し遊ぶことを覚えられたら休まりますよ」と。そのとき、先生が呟くように言った言葉が、今も私の胸をうつ。

「僕が休まるのは、苦しんでいる人に愉気しているときだ」

だから休むといっても、道場に出かけて行っては、一日に何十人かは操法する。講義もする。せめて、やりたいときにやり、やめたいときにやめる自由さが、先生にとって、〝休む〟ということになるのだろう。

今回、先生が「山口講習の前に、ゆっくり山陰の旅をしたい」と言ったときも、「ベントレーでゆっくりドライヴしながら行きたい」と言ったときも、私はすぐに賛成した。そして山陰のドライヴマップや資料も集めた。

しかし、ベントレーのトランクに、音響装置一式からレコードに至るまで積み込むので、衣類のケースがついに一個追い出される破目になったときは、危うく苦情を言うところであった。

○

風呂から出て来た先生が、

「いい湯だよ」と言った。

「奥津温泉の温泉《ゆ》は、美人湯といわれ、化粧水のようになめらかである」と私が旅行案内を読み上げながら言った。

「私も美人になれるかな？」

「美人になるか、ならないか、さっきの女中さんを見ればわかる。白粉を、真白にぬっているじゃないか」

温泉《ゆ》から出てくると、吉田君が音響装置をセットしていた。
先生が最初にかけたのは、シューベルトの「冬の旅」。エレナ・ゲルハルトの静かな澄んだ歌声が、しみじみと旅情をそそる。
そこへ女中さんが来て、ここの名物に「洗濯ダンス」があることを教えてくれた。
それよりもこの炬燵にあたりながら、ゆっくり音楽を聴いた方がいい。
クライスラーの小曲
パンゼラの歌
カザルスのバッハ
これこそ最高のぜい沢だ。
「指のしびれが、はっきり出て来たよ、ここの温泉《ゆ》はいい」
と先生が自分の指を眺める。

「指よ、ご苦労さまって、愉気しましょうか」

夕食まで、まだ二、三時間ある。

夕食は、山の宿にふさわしい趣きがあって、わらび、とろろ芋、鯉のあらい、そして各々が小さい鍋で煮る鴨の山菜鍋も珍しかった。

「この味はブランデーよりも日本酒が適《あ》う。日本酒よりもビールが適うかな」などと言いながら、先生は三種混合で飲んでいる。人には〝チャンポンは体によくない〟と言っているくせに……。

「あら、この一本、もう空《から》よ」と私は、まだ残っている一本の銚子を机の下にかくし、話題をそらした。

「明日は人形峠を越えられるかしら」

「雪もやんだようですから、多分越えられますよ」と女中さん。

「越えられなければ、もう一晩、ここに泊ってもいいよ」

先生は、この宿が気に入ったようだった。

確かにここの温泉《ゆ》はよい、酒よりも快く体を弛ませるのだろう。先生は二度目の温泉《ゆ》から出てくると、快さそうに眠ってしまった。

私はひとり炬燵にあたりながら、ここ十日間の自分を振り返っていた。というのは、私は十日程前から、出血と下痢が止まらず、今日の旅に出られるか、どうか、自分では不安だったのである。

不安があると、悪い方にばかり連想がいってしまう。まず焦ることをやめよう。逃げることをやめよう。下腹や腰眼（仙椎）に気を集めて、ひたすら行気しよう。すると、痛みの奥に、何ともいえない深くて静かな整然とした息がある。〃宇宙の息〃というか……この息一つになりきってポカンとしていれば、すらすら経過して快く旅に出られると、瞬間、心に決めてしまったのである。

ともかく大阪へ発つ前日には、体の大掃除もすっかり終わり、身も心も軽く、爽やかになっていた。私にはこのことが、不思議でもあり、また当然のようでもあった。同時に私自身、〃生きる〃ということについて、ゆるぎない何かを体得したような気がした。それは、これ以外もう何もいらないというようなほのぼのとした幸せ感でもあった。

私は、そーっと部屋を出て、溢れる湯ぶねの中に、長々と手足を伸ばした。

ふと若き日の先生の「全生の詞」が浮かぶ。

「我あり、我は宇宙の中心なり。我にいのち宿る。……

我動けば宇宙動き、宇宙動けば我亦動く。

我と宇宙は渾一不二。一体にして一心なり……」


特にこの一節の一語一語が、今、私自身の実感となっていた。

それにしても、僅か十八歳で、この詞をかかげ、活元運動を指導していたとは、一体、どういう頭の構造なんだろう。

しかも、この宇宙観が根底にあって、先生の思想も、操法も成り立っているのだ。

それならば、先生の言う「自然」も「自力」も、自己の裡なる宇宙の息に帰一することではないだろうか。

雪の夜の幻想は、無限に拡がってゆく。

○

翌朝は快晴——。

宿の女中さんが、人形峠はバスがもう通っていると言う。午前十一時に出発して松江の玉造温泉へ向かう。

除雪された路傍には民家が点在し、どの家の軒にも、氷柱《つらら》が下がっている。

いよいよ人形峠にさしかかる。

雪渓又雪渓、道が曲がる度に現われる山々も、雪又雪、壮絶の一語に尽きる白一色の世界。峠道を下る山陰側は、更に雪が深いようであった。怖いような急な坂道がある。こんな処にと思う処に、雪に埋もれて人家がある。

先生が「一寸、止めろ」と言った。

「もう少し降りてからがいいわ。ここは、ほら、お墓場があるわ」みんな笑い出す。

車を降りると、先生は雪の上に立小便、後ろのトラックが何事かと振り返りながら、追い越してゆく。

峠を降りきると、山陰の里は、もう春の陽ざしで、雪など跡かたもなかった。

「ねえ、雪の宿から、さっき出て来たなんて、夢みたい……」

「奥津なら、また行ってもいいね」

と先生が言う。

新緑のとき、紅葉のときも、奥津温泉は、素晴らしいかも知れない。

しかし私は、もう一度、もし奥津へ行くなら、また雪の降る日に行きたいと思った。

# 微笑《みしょう》

終戦後間もないころのこと――。

戦災で焼け出された先生は、新潟から帰ると、吉田大将に貸して戴いた家を道場にして操法をしていたが、どういうきっかけか、Sさんという株の外交員から、日本光学という株を二百株買った。

それがそもそもの始まりで、罫線に興味をもち出すと、あくなき追求が始まった。それは後に、株の波と、人間の体の波との関係までに発展してゆくのであるが、独自の勘のよさと、即断即決で、二、三年のうちに膨大な財産をもつようになった。

Kさんという外交員が言った。

「もし、先生が整体などやめて、株に専念されたら、きっと大相場師になられますよ」

「株だけでしょうか。例えば掏摸《すり》になっても、名人になるでしょう。でも先生の道は、やはり整体一つしかない」

と私は反発した。

これほどの財産が出来れば、普通なら土地を買ったり、家を建てるのだろうが、先生は株の動き以外は眼中になかった。

尤も、戦前、犬に夢中になったときは、エアデルのチャンピオンをイギリスから取りよせるために、大切な蓄音器から電話まで売ってしまったというから、徹底している。

これが九種体癖というのだろうか。

○

「好事魔多し」ということがあるが、ある日、Mという人が、巧妙に先生に話をもちかけた。

「先生は操法に専念なさい。私が先生の財産を運営管理しましょう」と。

先生がどうしてあんな人を信用してしまったのか、今考えても不思議である。

先生は、忽《たちま》ち五つの会社の社長になり、自分の実印まで彼に預けてしまったのである。結局、それをいいように使われて、財産をみんな取られてしまい、残ったのは、株の利益に対する莫大な税金だけだった。

裁判に持ち込もうにも、実印を預けたということでどうにもならなかった。


その日暮らしの生活が始まった。

操法があるので、食べることには困らなかったが、まとまったお金の入りようがない、先生の大切なクレデンザなどにまで、赤紙が貼られた。

追い詰められた先生は、講座や伝授会を、開くようになった。しかし、これが後に大勢の弟子を養成するきっかけになった。

私は私で、三歳のポン*15を乳母車に乗せ、一歳のダン*16を背負った内弟子の加藤さん（山口の赤野玉恵さん）と一緒に椎名町の古着屋に着物を売りに行った。そのうち、どう嗅ぎつけたのか、古着屋や、骨董屋が出入りするようになった。疎開して残っていたものを売って、売って、遂に箪笥の中が空っぽになった。自分のものは少しも惜しくないのに、父の形見の硯屛風を手放したときだけは哀しく、今でも惜しいと思っている。

これで零《ゼロ》から出直そう、少し余裕が出たら、今度はほんとうに好きなもの、いいもの、適うものだけを、順々に集めてゆこう。そう決心したのは、黒いスカート一枚と、ブラウス三枚で過ごした夏のことであった。付き合いということさえしなければ、何と簡単な生活だろう。

ところがその夏、道場に来て親しくなったギルトナーさん夫妻が招待して下さった。着て行くものがないので、白い袖なしのブラウスの胸に、金のビーズ糸を好きな形に置いて縫いつけると、一寸、洒落たパーティー風になった。頭も使いようだと、私は得意になって書斎に行った。

「これ、およばれに着てゆくの、いいでしょ？」

するど先生は何で着飾るのかというような顔をした。

「ああ、いいね、そう言わなきゃ、何べんでも訊くだろ」

○

生まれて初めての貧乏にも、私がそれ程惨めな気持ちにならなかったのは、先生が心のゆとりというか、豊かさを失うことがなかったからだ。ただ、どうしても一つ不思議なことがあった。それは先生が子供のときから財布の底に大事にしまっていた古銭が、いつのまにかなくなってしまったことである。

その古銭には〝いわれ〟がある。先生が十四、五歳のころ、何とか自分の道場を持ちたいと思っていたある夜、夢に「お前に一生困らない金を授ける」という声があり、石段の三段目の落葉の中にある古銭を教えられた。〝一体ここは何処か〟と石段を上ってゆくと、山門に「成田山」とあった。そこで目が覚めて一番電車を待って成田山に行くと、夢と全く同じ光景で、落葉の中に古銭があったという。

「それ以来、僕は金に困ったことがない」

と先生は炬燵での夜話に、よくその四角く穴のあいた古銭を見せてくれることがあった。大切にしていることを見ても、先生が少年の日の夢のお告げを信じているように思えた。

その古銭がなくなったというので、加藤さんと家中くまなく、炬燵の灰の中まで探したが、遂に出て来なかった。

そうなると先生の転換は早かった。

「これからは自分の力だ」と。

〇

先生は逆境に彊《つよ》い人だった。むしろその中でその真価を発揮した。

先生の名著ともいうべき『治療の書』の出版、『全生』一号から十号まで、更に、体癖の発想と造語は後の体癖論と体量配分計に、求心的心理指導は後の潜在意識教育法に発展していくが、その理論体系への基礎は、すべてこの時期に構想されている。

私は、先生の原稿を編集、校正しながら、先生が原稿の合い間に、何やらローマ字で書いている楽書きを見逃していた。

ところが、ある日、何げなく読むと、自分の欲しいものばかり、それを丹念に、書いては捨て、書いては捨てているのである。

オーディオでは、

ウェスタン・エレクトリック、ランシング、シーメンス、ウエストレックス

車では、

ベントレー、アルビス

当時、敗戦の日本では、到底、手に入りそうもないものばかりで、こんなものを望むなんて、私には途方もない、大それた夢のように思えた。

ところが、それが、次々と実現してゆくので、私はびっくりしてしまった、しかも何の無理もなく、いとも自然に……。

シーメンスのスピーカーは、ドイツに出張されたF社の社長さんが手配して下さった。劇場用のウェスタンのスピーカーは、どこかの映画館が潰れて処分したいということであった。

一番、驚いたのは1953年型のベントレーであった。

それも、S会社が倒産寸前なので、七百万で買ってくれないかと、ある人を通じて頼まれたのである。先生は欲しくても買えない。

「思い切って三百万値切ったら、それでもいいと言われて、買わざるを得なくなった」

先生は苦笑しながらも、流石《さすが》に嬉しそうだった。

昭和二十八年の暮のことである。

そのころはまだ借家住まいではあったが、赤倉には茅葺きの山荘も建ち、毎夏を子供たちと妙高高原で過ごすようになっていた。

ある夜、山荘の庭で涼みながら、私は先生に訊いた。

「思念すると、向こうからやって来るみたい……何故かしら？」

すると、先生は、美しい星空を見上げながら言った。

「あの星、今、われわれが見ているあの星は、何億光年か前に発した光なんだよ」と。

この気の遠くなるような宇宙の中で、人間の思念もまた、いつか、誰かが、どこかで受け止める、ということだろうか。

〝念ずれば現ず〟というのは、先生の十代のときの語録にある。

私はそれを、先生の直感的な信念として受けとめていたが、先生にとっては、即、生活だったのであろう。

実生活の中で、先生の思念が現実化していくのをまのあたりに見ていた私は、人生の豊かさは、自分の心で、どのようにも拓き得るものだということを教えられた。毎年行なう道場の七夕で、願いごとを書く意義も、そこにあるのだ。

先生の非凡さは、既成の知識とか、学問とか、常識とかに狭められた人間の可能性を、心の自由を、無限に解放したことにあるのではないか。

先生が亡くなる年の正月のこと……。

夜、一人の見知らぬ男の人が訪ねて来た。

「スピーカーを買ってくれないか」ということだった。

全く不思議なのは、そのスピーカーこそ、ウェスタン・エレクトリック594と、ランシングの先代が作ったという戦前のもの——先生が長い長い間、欲しくて手に入らなかったものだった。

「これで欲しいものが全部揃った。もう何も欲しいものがない」

そういって、先生は微笑《みしょう》した。

それは三十年間共に暮らして、一度も見たことのない微笑であった。

# 寂

去年の冬、自らの死期を知った銀座コロンバンのおばあさまが、先生に、「さようなら」と電話をかけて亡くなられたときのこと——。

私が道場の書斎に入ってゆくと、先生は用意させてあった色紙の前に坐って、筆をとるや、いきなり

「寂」

と一字書いた。

「これを、コロンバンのおばあさんにお供えするように……あれはえらいばあさんだ」

瞬間、私が欲しいと思った程、今までにない気を感じた。私は壁に立てかけて、しばらく眺め入った。

そこには〝悲しみ〟とか〝安らか〟とかそういう次元とは全く違う、もっと禅的な、深い静けさがあった。

○

先生は二月に休みを宣言しながら、三月、四月、五月と六月の半ばまで、少しも休まなかった。ただ自分の体調に合わせて、自分の指導する人数を減らしたというものの、来られた方を見ると、ついやめられなくなり、時には百人を越すこともあった。オーバー・ワークは眼に見えていても、ただハラハラするだけで、誰も口をさしはさめない。先生は人の意見に動かされる人ではないからだ。

三日間にわたる山口講習（三月）も、箱根講習（五月）も、心にしみ渡るような講義だったし、愉気法や、活元指導の会も、五月までは欠かさなかった。ただ、講義の中に、今にして思えば時々、何かを暗示するような言葉が入っていた。

愉気法講座（五月二十日）の終わりに「私の愉気法はこれが最後です」と言ったときも、コンサルタントの会の席で「私にもしものことがあっても、植物人間にしないで下さいよ」と言ったときも、瞬間、さっと座がしらけたものの、誰もがさして気にとめなかったのは、先生の言い方が、余りにも自然で、さりげなかったからであろう。

六月になって、ある日——私はふと、三十年前の先生との対話を思い出した。何故、長い間忘れていたことを思い出してしまったのか、それ以来、私の心は不安定になってしまった。いつもそういうときには先生に打ち明けさえすれば、さっと解決してしまうのだが、このことだけは、絶対に先生に言えなかった。

「弘法は六十二で死んだが、僕は六十五かな」
「六十代で死ぬなんて全生と言えないわ」
「全生とは長生きすることではない。蟬は一年でも全生だ。弘法は倦きたんだよ。馬鹿ばかり相手にしているとね」

私はこっそり暦をめくって見た。数え年では六十六歳、満では六十四歳と九カ月……。そんな私の不安をよそに、先生はいつもの如く八・九・十日はロイを連れて関西へ行ってしまった。

その留守に、私は銀座で安岡、礒野両夫人の御馳走になった。そのとき、どうにもやり切れなくなって、そのことを話した。

「奥様、寒川神社へお詣りしましょう」

先生に内緒でお詣りしたのは十一日であった。

先生は九種体癖の典型――その人間探究に於ても、最高の音響装置に於ても、株の波と人間の波との関係についても、追求また追求、五十年間、飽くことを知らなかった。

その頭の回転の速さ、一瞬、本質を見抜いてしまう眼光、胸のすくような、当意即妙の応答、そういう鋭さ、きびしさが、数年前から徐々に、しみじみとした暖かさと優しさに代わってきていることを私は感じていた。先生の昔を知っている人たちは「先生は円満になられましたね」とか「講義がとても解り易く親切になられた」とか言っていた。

私が最も畏れたのは、先生の生きる意欲がなくなって来たということであった。

「何もかもが思う通りになった、もう何も欲しいものがない」

「レコードも、これ以上集めようがない、音も、これ以上の音は、もう考えられない」

「僕は幸せだ、いい女房だ」

そんなことを言う人でなかったのに、私は嬉しいより、哀しかった。人間、意欲がなくなってしまったら、どうなるのか、どうしたら先生の意欲が出せるようになるのか。

箱根の別荘、整体塾、産院、外国旅行、東北のドライヴ……。

精一杯考えて、そんなことしか、思い浮かばなかった。

十五日の朝。

ロイは出かける前に、私に言った。「ママ、今日のパパの表情、二月に転んだときと同じだよ、気をつけてね。今日は一日ついていてあげてよ」と。

私は吃驚した、私も丁度、それと同じことを感じていたからだ。

その日は『月刊全生』（七月号）の出張校正の日だったので、電話して、行くことを取り止めた。

午後になると、先生が「行ってもいいよ」という。「じゃあ、早野さんの運転で行っていい？」と訊いた。車をとり上げれば、道場には行くまいと思ったからだ。

神楽坂から四時に電話したとき、先生は音楽室で音楽を聴いているというので安心し、急いで帰宅すると、ベントレーがない。

「先生は？」「アッピイちゃんと道場へいらっしゃいました。ご自分で運転しようとされたので、吉田さんが代わりました」

ああ、何たること――私は唖然とした。

何故、そんなにまでして……。


先生がアッピイと帰って来たのは、道場を出たという知らせから一時間以上、経っていた。

そして玄関から音楽室への廊下を歩く足どりが、少しもつれるようであった。吉田君に訊くと、先生は道場で二十人ほど指導し、そのあと、アッピイを連れて高島屋に行った。宇宙鉄人グランゼルのベルトを買ってやり、アッピイが喜んで走り廻る姿を見て嬉しそうに笑っていたという。そして一緒にハムサンドとオニオンスープを食べたとか……。

「そのときの先生の足どりは？」

「いえ、確かでいらっしゃいました」

アッピイと一緒に、ベントレーに乗って、それが、先生の最後の外出であった。

○

十六日、昨日、道場で操法を受けた方から、余りにもお疲れがひどいようで、痛々しいから、是非お休み戴くように、と私に伝言があった。

狛江の庭は一週間ほど前から、植木屋さんが繁りすぎた庭木を剪定していた。すぐ近くのテラスには菖蒲の大鉢に、白や紫や絞りの花が、二、三輪咲いていた。先生は珍らしく、ソファブランコを揺らしながら、大きな硝子戸越しに、それを眺めていた。その寂しそうな横顔——それでも、今ここで、五十三年間の疲れを徹底的に休めてほしいと私は願った。しかし、それは先生に対して不可能を強いることだったのだろうか。

十八日の暁方、私が背中に愉気していると、背を向けたまま「もう終わりか」と呟いた。私は訊き返すことが出来なかった。それはきっと経過のことだと自分に言いきかせた。

午後、テレビを見る皮椅子で、うつらうつらしながら「死にました」と両手で私の手を握ったときも、咄嗟に「あら、そう」と、からかうなら、こちらも呆《とぼ》けてやろうと思ったのである。瞬間、先生は、我が意を得たというような顔をした。

ところが、私はだんだん何とも言いようのない不安にかられて、青葉台のダンに電話をかけた。ダンはすぐにとんで来た。そして皮椅子にもたれて眠っている先生の頭に、そーっと愉気すると、今までと違った気を感じたのか、パッと目を開いて上を見た。

「ダンです」

ああ、そのときの嬉しげな顔。そしてダンの手首をいきなり握った。

ロイは平常通り、道場へ通っていた。それが、先生の志をつぐことであった。

ダンは、ロイと相談して、臼井さんに来て戴くことにした。二人とも、先生が箱根講習のとき、臼井さんにだけ〝九段位〟を認許したことの意味を感じとっていた。その指示の下に、ダン、中本、堅田、田総さんらの昔の内弟子と、今の内弟子が、二人ずつ交替で気を一つにして、徹夜することになった。

「僕が疲れたときは、頭を抱えて穴の中に独りでうずくまっていたい」

と言っていたことを、私は守り通さねばならぬと思った。これは九種的要求なのだ。

今、一番先生の欲していることは何か。ただ、そのことだけを考えればよい。他のことは一切考えまい。そして全員が、その如く動いてくれた。

先生は、眠っていても、プロであった。

自分の、頭・腹部・肩・肘・手首・指と順々に調べているのである。その手の美しさ！　隙の無さ！　機を見て愉気しようとすると、気に入らなければ、手を払いのける、その速度にはいつもの厳しさがあった。気に入れば、その手の上に、自分の手を重ね、こうやるんだ！　とばかりに、手をもって置きかえた。また背中でも手がピッタリ当たると、そこそことというように頷いた。

しかもダンのくるっていた手首は、握られたトタンに治ってしまったというし、私は心の奥を見すかされてか、掌の中央、鎮心の処を、ピタッと押えられた。

○

二十日の朝、ミカンの入ったくず湯をカップ一杯食べて、先生は例の皮椅子に、体を斜めに横たえていた。その笑まうような寝顔、下腹までの深い呼吸――。

私と中本さんは、ホーッとして顔を見合わせた。急に自分の食欲も出て来た。何日ぶりかで、食事らしい食事をすませて戻ると、私はひとり、惚れ惚れと先生の寝顔を眺めていた。まるで、赤ちゃんみたい……。

その時である。先生の背後から、何か真っ白い煙のような気が一すじすーっと昇って行った。

あ、あれは？

ひょっとしたら――私は必死でそれを打ち消した。


その午後から、先生の容態が変わった。それまでは、弾みをつけるようにして起きようとしていた力が無くなった。お腹に悋気すると、肋骨からすぐ下が舟底のように凹んで、必死で悋気しても、呼吸が大きく入って来なかった。

私はひとり、昏れなずむ庭に出て、欅の大樹の下に立った。先生の部屋の窓に、灯りがついている。

先生はもうあそこにはいない！

昼間、打ち消したことが、確信になりつつあった。

「帰って来て下さい、せめてもう十年……」

私は屋根の上の空に向かって、祈るように歎願した。涙がとめどなく流れる。

すると、もう一つの心が叫んだ。

「パパの馬鹿！」

二十一日から、先生はセミダブルのベッドに寝たきりになった。そして水しか飲まなくなった。ところが体は少しずつ、時計の針のように廻ってゆくのである。ただ、それが何故、逆の左廻りになるのか、分からなかった。

しかも、先生は依然として室内に誰がいるか、誰が入って来たか、すべて知っているとしか思えなかった。亜紗が隣の部屋で泣いたとき、突然さっと起き上がろうとしたし、またロイにだけは禁点の硬結を教えたからである。ただ、そのころから冷たい足先に悋気をしようとすると、さっと足を引込めるようになった。今にして思えば、死という厳然とした自然の摂理の前には、悋気すら人為的なものだったのかもしれない。

二十二日の朝、ロイは道場へ出かける前に、先生に悋気して部屋から出て来た。

「ママ、今夜を気をつけて下さい」

と、その時間を言うが早いか、階段を駆け上って行った。その時、私は、ロイが泣いているのを感じとった。

その日は、午後になって急に気温が上昇し蒸し暑かった。

午後三時ごろから、先生は汗をびっしょりかき出した。拭いても、拭いても出る汗で、パジャマがぐっしょり濡れた。それは恰《あたか》も老廃物をすっかり体から出し切り、残ったエネルギーを消耗しつくそうとする自然の要求だったのだろうか。

誰がかけたのか、かすかに音楽が流れていた。先生は一回、赤ん坊のような大きな欠伸をした。

夜になって、呼吸が少しずつ変わり出した。朝、ロイの言った時間であった。それでもいささかの苦しみも見られなかった。ロイが帰ってきて、ブランデー・グラスにブランデーをついで匂いを嗅がせたが、もう反応はなかった。

みんなが気をつかって、そーっと部屋を出てゆくと、ロイを枕頭に、私たち、家族だけになった。

祈るようなはりつめた静寂《しじま》の中に、だんだん息がかすかになって、すーっと消えた。

「寂」そのものであった。

# 山想記

七月はじめ、箱根記念館を訪れると、深緑の山に、紫陽花《あじさい》が美しく咲いていた。もう館内の内装はほぼ完成し、庭も山芝が敷き詰められている。直線に刈り込まれた籬《まがき》ごしに、遥かに駒ヶ岳を望む。

「あれは駒ヶ岳ではありませんよ」と言った人があった。確かに駒ヶ岳はあの山の奥にある。しかし、私は答えた。

「ええ、でも、あれも先生の駒ヶ岳なんです」と。

○

瀬田道場を建設するとき、資金が足りなくて、止むなく赤倉の別荘を手放した先生は、空気の清澄な山奥で、息抜きする場を失った。

その後、赤倉のような土地を探し求めて、一時、富士宮に決まりかけたことがあったが、何かが気に入らず、中止してしまった。

そうしてここは、先生のやっと見つけた理想の土地だった。しかしそれは余りにも遅すぎた。

昭和五十年夏のこと——。

大木夫妻と土筆亭で食事をしながら、偶然、土地の話が出て、早速、見に行こうということになった。

箱根は霧が多く、一帯にじめじめした処が多いのに、この土地は不思議に明るい静けさがあること、清冽な金時山の湧き水を引いていること、交通の便がよいこと、等々。

「恐らく、箱根で一番いいところだろう」

と先生は気に入って、話は即座に決まった。

設計は大木氏、大木氏は素人ながら、建築に造詣深く、小田原や仙石原のお宅を見て、先生はそのセンスを買ったのだろう。

私はここに、先生が山小屋ふうの家を建てるのだとばかり思っていた。しかし、先生の夢は、例の如く、空恐ろしくなるように膨大になり、「隣の土地も買って、整体村を造ろう」などと言い出す。かと思うと「箱根が出来たら、書きものをして体癖論をまとめたい」と言ったり、「整体塾を造って、僕が選んだ弟子たちを十人位ずつ、一週間位、カンヅメにして、教えてみたい」と言ったりした。

「それなら昔に帰って〝君は川流を汲め、我は薪を拾わん〟になるわね」

と言いながら、それを転機に先生が新たに意欲を燃やしてくれればいいと、私はひたすらに願っていた。私の不安は、そのころ、すでに先生が、すべてに意欲を失いつつあったからである。


休日は、度々、小田原か、仙石原の大木氏のお宅で、設計の相談がすすめられた。先生は、もう箱根に移り住む気になったらしく、狛江と同じ音楽室、薪ストーヴのあるタタミの部屋は是非欲しいと言った。

そして、大木氏の自慢の樟《くす》の大テーブルを見ながら、「テーブルは、そうだ、これがいい」と大木氏を当惑させ、愉快そうに笑った。そういう先生を見て、私はこれなら大丈夫と、ひそかに思った。

薪のストーヴは、ずっと以前から、安岡さんや、大木さんのお宅で見て、「うちにも造ろう」と言っていたから、これこそ、長い夢の実現である。

ただその時、私がふっと気になったのは、〃狛江と同じ音楽室〃と言うことだった。それまでの先生の生き方は、事が成れば直ちに更によりよきものを追って止まることがなかった。それなのに何故、同じものしか、考えようとしないのか、それが私には哀しかった。

○

私が今でも解せないのは、先生がいつ、あの〃我は去る也〃を書いたのか、ということである。

少くとも、あの文章の息の長さからいって、五十一年二月に転ぶ前のように思えてならない。もしそうなら、何故、この家の設計を、そしらぬ顔ですすめていたのだろう。

一月末のある暖かい日、亜紗をつれて残雪のここへ来たことがあった。その時、先生は裏山の中腹に佇んで、じっと駒ヶ岳の方を見詰めていた。研究生の吉田君は、その先生の姿が、百歳を越えた仙人のように思えたという。

その時、先生は一体、何を想い、何を考えていたのだろう。

先生が亡くなって、二週間後の七月六日、午後六時から緊急理事会が狛江で開かれた。

前夜、子供たちとの家族会議で〝箱根は基礎打ちも終わり、鉄骨を始め木材もすべて刻んである状態だが、資金の関係で工事中止を提案する以外ない〟ということになっていた。

ところが、三時頃、『月刊全生』の原稿が足りないということで、私は先生の机に山と積まれた原稿を、何げなくパラパラとめくっていた。その時、ふと眼に入ったのが〝我は去る也〟という書き出しの文字だった。ハッとして読み出すうちに、涙が溢れて、何度か読めなくなった。

……………

箱根へ移る。

誰にも会わず、語らず

ただ悠々とする也

駒ヶ岳に対し無心を続けんとするもの也

この最後の結びは、理事会を動かし、全国の会員を動かした。

そして、こんなに立派な、記念館が出来上がったのだ。

私が不思議でならないのは、何故あの日、理事会の三時間前、しかも『月刊全生』の〆切りの日に、あの原稿が見つかったか、ということである。

やはり先生は、建てて欲しかったにちがいない。しかも設計変更の不可能な状態で……。

先生はこれから先に起こる何かを見通していたのだろうか。それなら先生の意図は何だったのだろう。この記念館をどう使えば、その意図に添うのだろう。

○

明るい声がして、大木氏夫妻と勝俣工務店の勝俣さん、斉藤さん、石川さん。

「だんだん素晴らしくなりますね」

「いやーね、先生って、何故逝っておしまいになったんでしょう」

と大木夫人、誰もみんな、同じ思いである。素晴らしくなればなる程、その感は深まる。それでいて、みんな先生を身近に感じているのだ。

「それは先生の趣味じゃない」

「これでは先生に怒られる」

そう言いながら、電灯のかさも、じゅうたんも、壁紙も、カーテンも、決まってきたのである。

ただ音楽室だけは、一部変更があったが、今となったら、活元運動や、講義の出来る会場として使う方が、先生の意に添うと、誰も思うに違いない。

二階は何れ、資料室、展示室、編集室として、先生の書や、原稿、講義テープ、ビデオ、写真、愛用品、等を保存、陳列する場になるだろう。それらを通して、先生の考えに共感する人々が、先生と対話する場になればいいと思う。

私は、父亡きあとの荻外荘《てきがいそう》の空しさに耐えられなかったが、ここは違う。何か分からないが、何かが、新たに始まろうとしているような気がしてならない。

今は、タタミの部屋だけ、先生の希望通り出来上がった。あの樟の大テーブルは、大木氏が先生との約束だと言って運び込んで下さった。椅子セットも、狛江で先生の最も気にいっていたものである。

秋になったら、ここで、薪のストーヴを燃やしたい、そして、愛用のグラスにブランデーをついで、あかあかと燃える焰を先生に見せてあげたい。

先生が好きだった荘子の言葉に、

指二窮於為レ薪。火伝也。不レ知二其尽一也

というのがある。

「薪は燃え尽きても、火は伝わって尽きることがない、ということだ」

と先生は言った。

私は薪の焔を見詰めながら、もう一度、この言葉を、しみじみ味わいたいと思う。

# 月夜

ある人が、「あなたの一番幼いときの記憶は何ですか」と訊いた。

その時、私は〝月夜〟と答えた。

誰か分からない女の人に背負われて、月夜の枯木の林を歩いている。それが何処かも分からない。京都で生まれたというから、吉田山かも知れないし、二歳の時に移ったという目白の庭かもしれない、ひょっとしたら、前世のことかなと思う位、遠い昔の記憶――。

そして今、静かに過去をふり返ると、不思議と月夜の思い出が多い。その中で、最も印象深い出来ごとを今夜は書いてみたいと思う。

一

終戦の年、雪深い新潟から帰って来た夜のこと、私は先生と中野から下落合への広い道を歩いていた。

見渡す限りの焼跡は静まり返って、凍るような月夜であった。誰一人いない夜更けの道に、先生の朴歯の下駄の音がするだけ……。

すると、いつのまに忍び寄ったか、長い影が二つ、われわれの行手を遮った。アメリカ兵が二人！　黒いピストルの銃口がこちらを向いている。

生まれて初めてピストルというものをつきつけられているのに、不思議と現実感がない。〝目的は金だ〟と思った。

二人は別々に、われわれの身体検査を始めた。私は半コートにスラックス姿だったので、コートのポケットを探られたが何もない。咄嗟に先手を打って、手さげバッグを差し出すと、中を探って小銭入れを見つけたらしく、それを私に見られないように、掌の裏に隠すようにして抜き取った。人間というのは極度に緊張して気が集注すると、却って些細なことが見えてしまうものらしい、その時の奇妙な手つきが、今もハッキリ印象に残っている。

〝先生の方は？〟と見ると、先生は、全くの無抵抗主義——茶羽織のポケットを探られ、ルパシカ風の半コートのポケットも探られるまま……しかし、薄くてボロボロになった岩波文庫の『臨済録』が一冊出て来ただけだった。ついに諦めたか、

「GO　AWAY！」（ゴウ・アウェイ）

と言った。

私はホッとして先生と腕を組み、次の瞬間、歩き出そうとして、足が竦んだ。ピストルの銃口を背に、最初の一歩を踏み出すときの恐さ！

しかし、思い切って最初の一歩を踏み出し、二歩、三歩と、五十歩位歩いたときから、漸くもう大丈夫と思った。しかし振り返る勇気など、勿論なかった。

先生は初めから終わりまで平静そのもので、歩きながら何か新しい発見でもしたかのように言う。

「風俗が違うと分からないんだね、彼らは、羽織のポケットしか探さなかった」

と着物の懐を押えてニヤリとした。そこにはいつもの部厚い財布が入っていたのである。

私は眼の前につきつけられた銃口より、見えない背中のピストルの方が何故恐いのか、不思議だった。先生に言うと、

「ピストルを向けて見送る馬鹿はいないさ」

と言った。

ああ、そうか、と思った途端、独りで背中を硬張らせていた自分が急に可笑しくなって、ふと笑いがこみ上げて来た。

振り返ると、誰もいない焼野原に、冬の月が皓々としているだけだった。

## 二

ダンが大腿骨の骨折をしたのは、昭和二十六年の五月の始め、戦後初めて買ったナッシュに、ポンとダンを乗せて日比谷公園に行ったときのことである。ダンは三歳であった。

子供が怪我をするのは、親の注意がそれたときというが、全くその通りで、われわれはTさんという女の子と運転手のHさんに子供たちを頼んで、買物に行ったのである。三十分程して帰ると、右足がブラン、ブランになったダンが、Tさんに背負われて泣いていた。

訊けば、六人乗りの大きなブランコの中板に穴があって、ダンの片足が落ちてしまった、すぐに止めようとしたが、止まらず、足が折れてしまったというのである。

先生は車の中で、ダンを膝に抱いて愉気しているときも、家へ帰ってからも、殆んど口を利かず、私は事態が容易ならぬことを察した。


その夜、先生に誘われて籬《まがき》の外に出ると、明るい月夜であった。武蔵野の名残りをとどめる鬱蒼とした坂道は、射し込む月の光が、青葉の陰を一そう濃くしていた。

黙々として歩いていた先生が、ふと立ち止まった。

「大腿骨が二カ処も折れているんだよ、普通は二カ処折ると、中間の骨が腐って、ビッコになるんだ。だけど、僕は、僕のやり方でやって見ようと思う。もしこれでダンをビッコにしたら、僕は整体をやめるつもりだ」

その語気に、私は先生の異様な決意を見た。胸がつまって、咄嗟に何も言えなかったが、何かが急に裡から湧いてくるのを覚えた。

「パパ以外に、誰がやれるの？　ダンは決してビッコにならないわ」


先生は、全く独自の方法で試みた。

先ず、ダンの眼に愉気をしたのである。それは大腿骨折をした人は、二十年位経つと、眼が悪くなり、失明する場合すらあるということを知っていたからである。愉気をすると、激しい痙攣を起こす。すると、そのあと、大腿骨の繋がりが急速によくなる。その関連を見つけたのである。

先生は更に、ボール紙を切って大腿部に当て、割り箸で抑えて紐で縛った。何と、お粗末な手当だろうと思ったが、先生の意見は、〝骨折の場合、石膏などで固定して、長期間、絶対安静にすると、筋肉が萎縮してしまう。骨を保つのは筋肉の弾力である。だから、少しずつでも動きながら経過させた方がよい〟ということであった。

やがて、ダンはいざりながら、道場へ出て遊ぶようになった。

そのころ、小松朝勝先生が、先生の理論に共感されて、整体操法講座に来ておられた。当時は八幡製鉄病院の外科医長をしておられたが、ダンのことを大変心配して下さった。現代医学でも、大腿骨折が二カ処の場合は、難しいとされているということであった。

しかし、ダンの恢復はめざましく、先生はすでに確信をもっているようであった。

三カ月近く経った七月の末、私たちは赤倉の別荘で暮らした。

ある日、先生はダンをバギーに乗せて、裏山に出かけて行った。その細い道は、妙高高原から関温泉へ抜ける静かな山道で、先生が最も好んだ散歩道であった。

帰ってきたとき、ダンと手をつないで、バギーはなかった。

「ダンが不動の滝まで歩いたんだよ」

「え？　バギーじゃなかったの？」

「途中に置いて来たんだ。帰りも、どんどん歩いたんだよ、左も右も殆んど変わりない」

先生の声が、明るかった。

あれから二十五年。

先生亡きあとの最初の京都講習のとき、小松先生が紀州よりわざわざ訪ねて下さり、一夜、私たち家族は、「大市」での夕食にお招きした。

その時、ダンの骨折の話が出た。

「あの時は、ボール紙と割り箸で……」と私が言いかけると、小松先生が、

「今、ギブスはボール紙が一番いいという説になって来ているんですよ、野口先生という方は、大超人でしたよ、私が新しい学説をお話しすると、その前に全部、御存知

でしたからね」

と言われた。

「ねえ、僕、どっちの足を折ったの？」

とダンが訊いた。

それさえ判らなくなっているのだ。

「いやーね、右だったでしょ」

そう言いながら、あの夜、青葉を洩れる月の光の中で、決意を語った先生の面差しが浮かんで来た。その面差しに、たった独りで切り拓いてきた道の厳しさを、改めて想い起こすのだった。

三

雪国の空は、雪がしんしんと降る中に、淡い月が出ていた。

生まれて初めて見る雪国のお正月――。

私はわざと、雪掻きされた道を歩かずに、半身が埋まってしまう程の柔らかい雪の中を歩いた。子供のように、すべてが新鮮だった。

「雪って、ほんとうに美しいわ」と私が言うと、土地の人々は反射的に、

「とんでもない。雪は我々の敵ですよ」

と言った。降りつもる雪の重みで、家がつぶれ、死ぬ人もある。だから雪国で冬になるということは、雪囲いして雪との闘いが始まることだという。しかし、そういうきびしい現実を忘れさせるくらい、雪はやはり美しかった。

私たちの疎開していた善性寺は、吉木の里（新潟県水上村）の一番奥にあるカヤブキの寺で、専念寺という大寺と向かい合っていた。

そこの住職である年老いた和尚さんは、田舎には珍らしい洒脱な人で、だから先生は気に入って、この寺に住むことにしたのである。和尚さんは炉端で、「昔、東京見物に行った時、初めて食べたアイスクリームが美味しくて土産に懐ろに入れて帰ったら、なくなっていた」などと私たちを笑わせた。

庫裡には、和尚さんと、亡くなった息子の嫁さんと、小さい娘が二人住んでいた。終戦と共に、一緒に疎開した人々は次々に帰京し、最後に、私たちと、先生の妹と、章ちゃんという御手伝いさんが残っていた。

玄関で藁靴を脱ぎ、降りかかった雪を払って部屋へ入ると、先生と妹が炬燵に当たっていた。

「雪の降る空に、月が出ているのよ。とてもきれい……」と私が言うと、

「今夜は百人一首をやろうと話し合っていたところだ」と先生が言った。

百人一首が始まった。

村の青年も、章ちゃんも、あまり上手でなかったので、先生と妹の手の素早さが、際立っていた。

「相見ての……」「はい」

「久方の……」「はーい」

「忍ぶれど……」「はい！」

先生より私の手の方が、一瞬早かった。

その時である。

部屋の高い天窓が、ガタンと音がして少し外れた。ハッと見上げて、一寸不気味な感じがしたが、そのまま歌留多をつづけた。

ところが先生は、急に元気がなくなって、炬燵に足を入れると、そのまま横になって眠ってしまったのである。

歌留多が一段落したころ、先生は、むっくり起き上がって言った。

「今、Kさんが来て、そこに坐っていたんだよ」と、部屋の隅の畳を指さした。みんな、そこを見たが、何も見えない。

「君、どうして、こんなに夜晩く来たんだ？　汽車に乗って来たのかと訊くと〝それが汽車に乗らなくても来れるんです〟と言うんだ。だから〝君は死んだのか〟と訊くと、〝実はそうなんで……息子夫婦が米を隠して食べさせてくれない、探していたら、やっと階段の下に米袋を見つけ、やれ嬉しやと右手で摑んだ途端に死んでしまった。全くお恥かしいことで……〟と頭をかいていたよ」

先生は、今、そこで客と話していたかのような口ぶりであった。

私も、妹も、Kさんをよく知っていたので、何だか背中が寒くなって、炬燵にかじりついていた。

Kさんは、先生が十代の日暮里時代から、下落合道場が戦災で焼けるまで、ずっと、受付をしていたおぢいさんだった。長年の痔瘻がすっかりよくなって以来、先生の許で働いて来た人だった。だから疎開して別れ別れになっても、死ぬときは、きっと先生のことを想いつめるだろうし、先生もまた、いつもの如く、その気を感じるだろうことは想像できた。しかし、死んでから、こんな遠い雪国まではるばる訪ねて来て、先生に自分の死に方まで語るなんて……そんなことが、あり得ることだろうか。

私はお手洗に行きたくても、それが暗い本堂の裏にあるので、怖くてゆけない、誘うと妹も、章ちゃんも行くというので、三人で肩につかまり合いながら、仄暗い廊下を歩いた。そして、お互いに待ち合うことにした。

帰ってくると、先生が一人、炬燵に坐っていて、私たちが坐ろうとすると脅かした。

「ホラ、そこにKさんが坐っているじゃないか」

「キャーッ」章ちゃんが、私にしがみついた。

三日程してから、Kさんが亡くなったという報らせが来た。その手紙を見ながら、先生が言った。

「おかしいな。ぢいさんが僕に言った日より一日遅れている」と。

先生は家族の報らせより、Kさんが直接、先生に知らせた日の方を、信じているようであった。

○

雪国から引き上げてからのある日、下落合道場に、Kさんの息子夫婦が挨拶に来た。

「僕は息子夫婦に、〝何故、ぢいさんが死んだ日を、一日遅らせたのか〟と訊いたんだ。すると〝どうして御存知か〟と不思議そうな顔をするので、〝階段の下で、米袋を右手につかんで死んでいたんだろう。わざわざ新潟まで言いつけに来た。君たちを恨んでいたぞ〃と言ったら、蒼くなって慄えていたよ」

と先生は笑っていた。

この話を、今度は不可思議なこととしてでなく、私は別の角度から考えるようになっていた。

Kさんは死んでからでも、誰にも言えないことを先生に訴えに来ている。いや、Kさんだけではない。私を含めて、生きて先生と接している多くの人々も、それぞれ、誰にも言えないことを〃先生だけは分かってくれる〃と思っている、そういう人間関係についてであった。

私は、先生を知るまでの、自分と周囲の人との人間関係を考えて見た。親しいといっても、そこまで深い心の触れ合いというものはなかった。いくら尽しても、努力しても、何か離れている、何か相容れない、そういう空しささえ感じることもあった。

これは一体、どういうことなのか、何が違うのか。若い私は考えあぐんだ。

そんな私を知ってか、知らずか、ある日、先生が言った。

「人間というのは、意識以前の世界では、みんな一つなんだよ」と。

よく考えると、何だか訳のわからないことなのに、どういうわけか、その言葉を、私は何の抵抗もなくすっと受け入れていた。

そして、あることに気づいた。

もしも、心が自然なら、人間はみんな気が通い合うんだ。それが出来ないのは、自分で、自分の囲いをつくっているからだと……。

すると、今まで模糊としていた私の心の奥に、幽かに光が見えるような気がした。

それは、あの雪国の、雪ふる空に見た、淡い月の光に似ていた。

# 占い

人間は何故、自分自身の未来を他人に占って貰おうとするのだろうか。

また一体、どういうときに、そういう心が起こるのだろうか。何か事が起こって、漠然と未来に不安を感じたとき、右か左か迷ったとき、或いは、人に誘われて好奇心で……という人もあるかもしれない。

当たるも八卦、当たらぬも八卦という。信ずるも信じないも、その人の自由である。しかしある人は、誰も知らない筈の過去を当てられたという理由で、またある人はいつかあの人の言ったことが実現したという理由で、信ずるようになる。一旦信じてしまうと、自分や他人のいろいろの体験の中から、当たっているものを取り出して、「ああ、やっぱり」と思う。そして自分の裡に働く勘よりも、その人の言ったことの方がより確かであるように思い込み、その如く事を進めようとする。それが人間の弱さというものであろうか。

事実、私自身も、二十年ほど前、狛江に越して間もなく、幼い紀乃（長女）を後頭部打撲で失ってから、家相とか方位とかを気にするようになっていた。それはある人の予言が、そっくり当たっていたからである。

ある日、先生にその話をすると、先生は、

「あなたは紀乃が死んだことの責任から逃げようとしている。卑怯だ！」

と、はき捨てるような語気であった。私は咄嗟に〝そんなことないわ〟と反撥しようとしたが、それはまさしく図星であった。たった一人の女の子を失った、どうしようもない哀惜を、せめてそういうことのせいにすれば気が楽になる、いや、そうでもしなければ耐えられなかったのだ。

しかし、先生は、それを徹底的に、自分自身の問題として受け止めていたのである。逃げようとするものより、裡に掘り下げて耐えるものの方が哀しみは深い。道場に於て、子供たちを見る先生の、あの何ともいえない慈愛に満ちた眼差しは、その深い哀しみの中から湧き出たものではなかったろうか。

長い眼で見れば、何が不幸で何が幸せになるのか、何が良いことで、何が悪いことになるのか、その人の生き方次第ということになろう。

年をとって、家族からは見放され、生活に困っている惨めな老人から、長々と愚痴を聞かされたことがあった。

「年をとってあんなに惨めになって生きているなら、長生きなんかしたくないわ」

と私が言うと、先生が言った。

「年をとって惨めだという人は、年をとって惨めになるような生き方をして来たんだよ」と。

ここで先生の昔々の語録を読んで見よう。

自己の未来は　自己以外の
何ものかが支配するものではない
自己の未来は自己のみが支配する
未来は現在の結果である
未来は待つべきものではなく

創るべきものである
人は未来を刻々に創りつつある

昭和五年とあるから十九歳のときのものであろう。「地位もなく、金もなく、頼るものは自分の心以外になかった」という孤独な少年時代、しかし、もうこの年には、今を十全に生きる全生の思想を確立して、大勢の人々を指導していたのだ。

先生は徹底した独立人であり、自由人であった。しかもその〝日々是好日〟には宇宙の息との一体感があった。私は先生ほど生命の自然に謙虚だった人を他に知らない。それ故に、先生は右か左か迷ったときでも、ただ無心に、心を澄ませて裡の声を聞き、それに従った。他人に占って貰う余地など全くなかったに違いない。

○

その先生が、たった一度、人に占って貰ったことがあるのだ。いや、占って貰う破目になってしまったという方が、ほんとうかもしれない。

あれは、終戦後、四、五年経ったころのことだろうか。

そのころは道場がまだ下落合にあって、偶数日の操法は、午後三時には終えていた。我々は幼いポンやダンを、おばあちゃんや、お弟子さんに預けて、電車で新宿に行き、よく盛り場をぶらついた。西口でパチンコをしたり、菊正で夕食をしたり、買物したり、また地下道をくぐって東口へ出ると、武蔵野館（映画館）や〝赤い風車〟とかいう小さな劇場に入ることもあった。

そのころの盛り場は、裸電球の露店が立ち並び、街角の至るところに、白衣の傷痍軍人や、似顔絵画き、パンパンと称する人たち、誰もが終戦という解放感と、敗戦という惨めさの中で、裸から立ち上がろうと必死だった。その息吹きが直下に肌に感じられたあのころの新宿の方が、今の、とりすましたビル街に化した新宿よりも、私には何故か懐かしい。

三越の前の暗闇の中に、易者が一間おきに、仄かな灯りを点してズラリと並んでいた。確かに先生のいうように、人は先ず易者を占ってから、易者に近づいているようであった。

ある寒い夜のこと、沢山人だかりしている易者があった。先生は人混みをかきわけるのが上手で、スラスラと、一番前へ出てしまった。その易者は、今にして思えば三種捻れ体癖、断定的なものの言い方に明るさがあった。それが人気をよんでいたのかもしれない。

一人を見終わると、その易者は、どうしたわけか先生に目をつけて、「あなたの手を出しなさい」と言った。先生は茶羽織のポケットに突っ込んでいた左手をさし出した。

「違う！　女は右手だ」

私は吃驚した。しかし、先生はすまして今度は右手を出した。私は漸く人垣をかきわけて、一番前に出たのに、また後ずさりしていた。何故なら、私はその時、スラックスをはいていたので、若しつかまったら、今度は男に間違えられるのではないか、と咄嗟に思ったからである。それでも、その人の声はよく聞こえた。

「ほう！　これは何ともまた強い運勢だ。女には惜しい。男なら頭領格だ。こういう女は亭主を喰い殺す、よく見なさい。後家相がある」「だが体は……生まれつきは余り丈夫でないね」「しかし、あんたは実によく人の面倒を見る。だから居候の絶え間がない」

そして最後に「あなたは死んでから惜しまれる人だ」と言った。

足早に立ち去る先生を追いかけるようにして、私は話しかけた。

「男と女を間違えた以外は、大体、当たっているわね」

「亭主を喰い殺すというのもか……」

「あら、私は亭主じゃないから安心でしょ？」

見上げると、凍てつくような美しい星空であった。


あれから二十五年――。

先生亡き今になって、あの夜、易者の最後に言った言葉が、私にはしきりに思い出されてならない。

「あなたは死んでから惜しまれる人だ」

# 運転免許

私に「上空院」と、戒名みたいなニックネームをつけたのは、先生である。

上空院とは、何をいっても上《うわ》の空《そら》だ、ということらしいが、時にその裏目が出て、ある日、ある時、突然、現実に戻ると、大あわてに、あわてる。

今日も、車の中で、「あら、私の免許更新、いつだったかしら、もし期限が過ぎていたら、大変だわ。ねえ、一寸見てよ」

と急いで、ハンドバッグの中から、免許証をとり出し、隣のロイに差し出した。自分で見るのが怖いからだ。

ロイは、私以上に悠然としているが、私のようにあわてない。

「五十三年十一月だよ。でもママ殿のそのあわて方、だからママ殿の運転は、いざというとき怖いんだよ」

「そんなこと言っても、ママの免許は大型二種で、トラックだって、バスだって、タクシーだって出来るんですからね」

と私は負け惜しみを言いながら、内心ではもし期限が切れていたら、もう二度と免許は受からないだろうと、秘かに思った。

○

私が運転免許をとろうと思ったのは、確か昭和二十九年だったと思う。ベントレーと、アルビスと、先生が車を二台も買ってしまったので、運転手がいても、いざというときは何時《いつ》でも運転出来なくては困るという必要性を感じたからである。それに、「運転出来る」ということは、運転するものの立場も理解できるし、余分な気兼ねをしないでも済む。

そこで下落合の道場から近く、バスも便利な小滝橋教習所を選んだ。教習所は、今こそ何処でも立派になっているが、当時は、ひどいオンボロ車ばかりで、ハンドルを握ってアクセルやブレーキを確かめようと下を見ると、隙間だらけで地面の草の緑が見えた。それに、アルビスやベントレーだと一寸アクセルを踏むとスーッと辷《すべ》り出すのに、そのつもりで踏むと、すぐにエンストしてしまう。「またか」

と言わんばかりに教師が憮然とする。幾度となく情ない思いをしながらも、自分の可能性を拓くことには新鮮な喜びがあり、学生気分で颯爽と通った。

路上運転が出来るようになったころ、私は何となく挙動不審な先生に気がついた。偶数日の操法が二時頃に終わると、誰にも告げず、ベントレーに乗って、ある時間、何処かへ消えてしまうのである。そのころ、ベントレーは先生の弟が運転していたが、何か口止めされているらしく、何となく私を避けているような様子――一体、先生は私に隠れて何処へ行くんだろう。怪しいと思えば思う程、尚更、訊けない。

まあ、いいや、ともかく運転免許をとるまでは、何も考えまい。

三十六教程は、すでに終わりに近かった。

○

ある日、先生が、さも得意げに、一枚のカードを、私に見せた。

「あ、免許証！」

と私は思わず叫んだ。

何たること！　一体、いつどうして、何処でとったのか。さては、最近のあの不審な行動は、これだったのか、隠していたのは、私を驚かすつもりだったに相違ない。だしぬかれた言いようのない口惜しさ、しかし、それよりも、今まで心の何処かに潜んでいた或る疑いの翳りが、スーッと晴れたことの方が嬉しかった。

「いいなァ、私も早くとろう」

先生は、私が運転の練習に夢中で、毎日、運転手を脇にアルビスで出かけるのが嫌で、私より先に免許をとってやろうと決心したこと、車の修理工場のある成増の教習所に通ったこと、埼玉県の運転試験場で受験したことなど、初めて話してくれた。

「試験の日は、雨が降っていた。僕は自信がないからゆっくり走っていたら、試験官が、〃いやに遅いですな〃と言うんだ。だから、〃この雨で、ぬかるみで、この車で、あなたはスピードと安全と、どちらを大切にしますか〃と訊いたら、〃安全だ〃と答えたよ」

「それでは、どっちが試験官か分からないわ」

「そしたらね、その日は、スピードの遅いのがみんな合格したそうだ」

「学科は？」

「勿論、百点さ、三分もかからないで出来ちゃった。みんな、なかなか出さないので、五分位、おいたままにして、一番先に出して出て来てしまった」

この話がほんとうだったことは、後日談で証明された。

三カ月程して、先生と日本橋の三越前を歩いていたら、「先生、先生」と追いかけて来る若い丸顔の男があった。見知らぬ人である。

「いつかは有難うございました。私は、とても駄目だと思っていたのですが、先生の隣の席にいたんです。先生がサーッと出来た答案用紙を、前の方に出しておられたので、ついみんな、写さして戴きました。おかげで合格いたしました」

と礼を言うのである。先生は覚えていなくても、向こうは一目で分かったのだろう。羽織袴で、朴歯の下駄をはいた人なんて、二人といないだろうから……。

○

先生の免許証を見てから、今まで悠々とかまえていた私の心は、急に焦りに変わった。余分な緊張は、全力を発揮させないというが、全くその通り、小滝橋での実地試験のとき、上がってしまって車庫入れが斜めになってしまった。それでも何とかようやく合格した。

「いつもはもっと上手なのに、上がったから実力が出なかった」と先生に言うと、
「上がるのも実力さ」
とやられた。

次いで鮫洲での学科試験である。

当時は女の運転は珍しいらしく、路上運転のときでも、「やあ、女が運転してらあ」と子供たちがひやかす位だったから、試験場でも、女は三人だけ……、しかも、女の席は、何百人という男の席とは直角に、特等席の待遇であった。

異様な緊張感が、漲《みなぎ》っている中で、私は今度は上がらないように、先生から習った方法をこっそりやった。無意識に上がっている肩を、更に上げて後ろへ引き、ストンと落とす。すると静かに深い息が出来た。

問題は模擬テストと余り変わらず、答案には自信があった。外に出て結果を待つ間、ブラブラしていると、ジャンパーを着た中年の男の人が話しかけて来た。
「私は群馬なんですが、地元よりここが易しいと聞いたので、うちの店員に受けさせているんですが、やはり難しいんでしょうかね。もう十三回も落ちているんですよ」
「私は今日が初めてですけれど……やはり、とても難しいですよ」

私は若い店員が可哀そうになって調子を合わせたが、心の中では、自分はどうしても一回で受からねばならないと思った。先生が見せびらかした免許証が、眼の前にちらついていた。

発表の時間が来た。

掲示板の中に、自分の名前を見た時、ホッと一息ついた。

時計を見ると、もう操法も終わったころ――赤電話をかけて、出て来た先生に、晴れ晴れと言った。

「受かったわよ」

「気をつけて帰りなさい」

と先生が言った。

受かったというのに何故そんなことを言うのかと、フッと気になったが、嬉しさの方が一杯で、私は運転手を脇に自分で運転した。

しばらく行くと、ウウーッとけたたましいサイレンを鳴らして、白バイに捕まってしまった。

「免許証を見せなさい」

「仮免許なんですけど……今日、鮫洲で合格したばかりなんです」

私は固くなって言い訳した。

運転ぶりで無免許運転と睨んだらしい。〝やはり分かるのかなあ〟と内心、感心していると、

「気をつけてお帰りなさい」

と、今度は、白バイ氏に言われた。

# 免許とりたて

　ひと月遅れではあったが、天下晴れて運転免許をとったことで、共通した目的と愉しさが、われわれの生活を新たにした。

　それは名ドライヴァーになること——。

　それには経験豊富になる以外にない。そこで操法の時間を除いて、殆ど、どちらかがハンドルを握り、朝は早く郊外の林の中で朝食し、夜は夜で浅草や新宿の灯りの中に駐車し、休日は村山貯水池、奥多摩、小仏峠と、近郊を殆どドライヴした。

「あの黄色いのは？」

「菜の花」

　満開の花の下でベントレーを停め、車の屋根を開けると、桜の花びらが、ひらひらと舞い込んでくる。

「僕は子供のころから、ずっと道場に坐って人間の動きだけ見て来た。あとは殆ど図書館にいたから、花など見なかった。運転を覚えて、僕の人生は豊かになった」

そんな時、私も心から運転免許を取ってよかった、と思うのだった。

○

そのうち、運転ぶりにも、体癖がはっきり出ることを実感した。

ともかく先生は絶対にバックしない。例えば細い道で、ベントレーと対向車がすれ違い困難なときがある。そんなとき、大抵は対向車の方がバックしてくれるのであるが、たまに捻れ型の人がいて、両方で睨み合いになることがある。遂に向こうが降りて来て、何とか文句を言うと、

「実は、免許取り立てなので……」

と言う。それが、二年経っても、三年経っても、そう言うのである。

私はそういう時、対向車を見るや、交換できる場処をいち早く見つけ、そこに寄せて待つ。その方が結局、すらすら通れるのだ。

だから睨み合いになる度に、私が言う。

「ちょっと、広い処で待っていれば何でもないのに……」と。しかし、いざとなると、

決してそうしない。

先生が私に文句を言うときも決まっている。「またライトをつけない、ライト、ライト」とか、「方向指示器が出しっ放しだ」とか、「カーブでスピードを出しすぎる」とか……。

けれども、上下型というのは、緊張すると手先、足先に力が無意識に入ってしまうらしい、だからカーブにくると、自分でも〝危ない危ない〟と思いながら、ますますスピードが出てしまう。

これを自分で自由に制御できるようになるまで、大分、日時がかかった。

また危ないという感じ方も違う。上下型は距離感に敏感で、他車と接近することが怖い。だから、前の車とか、並行車とかに、スレスレに接近しそうな気配を感じると、「あっ、危ない!」と叫んでしまう。

けれども、九種は、それに腹を立てる。

「危なくもないのに〝危ない〟なんて、そんな声を出す方が、もっと危ない」と言うのだ。事実、九種の運転は、際どいところで滅多にぶつかるようなことはない。

ある時、私が例の叫び声を上げると、

「そんなに危ないんなら、降りろ！」

と言った。私も売り言葉に買い言葉——、

「降りろって言うんなら降りるわよ、降ろして頂戴！」

とドアに手をかける。ほんとうはこんな所で降りたら、どうしようもないのに……。

すると、先生は、急にスピードをぐんぐん出して、降りられなくしてしまう。内心ではホッとしながらも、知らん顔をして、黙りこくる。

この長い沈黙に耐えられなくなるのは結局、弱い方である。それは私——。

「ねえ、この道、いつか来たわね」と探りを入れる。「うん」それに調子づいて「いつか、あの交叉点を曲がったとき、曲がり角に白い可愛い犬がいたでしょう」

などと話しかけているうちに、何となく又、話しあうようになる。

ところが、こういう蝸牛角上《かぎゅうかくじょう》の争いが、これで終わったと思うのは、上下型の浅はかさで、九種は決して忘れない。そして、後日、ドライヴ記や講義のとき、見事に復讐される。

「家内に道をきくと、白い犬がいた所を曲がるとか、鳥の止まっていた木の所を曲がるなんて言うんです……」

と尾ヒレまでつけて洒々《しやあしやあ》と言うのだからたまったものではない。私は後ろの席で聞いていて「違う、違う、実はこうなんだ」と弁解したくても出来ない。

しかも、あとでよくよく考えると、先生のいうことは事実とは違っていても、やはり私の本質をつかんでいるとしか思えないような何かがあった。

○

一度あることは二度、二度あることは三度ある、という。この言葉をわれわれは体験的に信じるようになっていた。こする、ぶつける、故障とたてつづけに三度つづくと、あとはしばらく無事がつづく。

最初の事故は、先生が免許をとってから三カ月目であった。左折するときにハンドルを早く切りすぎて、電信柱で左後ろのフェンダーを傷つけた。

二度目は一週間もたたないうちに田無で、高く積んだ人糞の肥え桶をひっくり返して、四辺を黄金の海にしてしまった。その時、さんざん謝ったのは、隣にいた私の方である。

そして三度目——。

それは確か中津川渓谷からの帰りで、道に迷ってしまったときのことであった。

先生は方向オンチのくせに、地図を見るのが嫌い、人に訊くのは尚、嫌い。だからこういうことになる。しかも、岐れ道などで、私が「右じゃない？」と言うと、さっと左に切る。「夕日の沈む方が西でしょう？」と言うと、東へどんどん行ってしまう。人から指図されるのが嫌なのだ。しかもいくら迷っても平気で、迷えば迷うで、それも又楽しんでいるようだった。

「行けば何とかなる」

「その時その様に」

「道は自づから拓ける」

これは、そのまま、先生の人生観であり、ゆるぎない信念でもあった。

その時は、田んぼの道が行き止まりで、方向転換するのに、大嫌いなバックをしなければならなくなった。

私が降りて「オーライ、オーライ」と言いながら「ストップ！」と言った途端に路肩が崩れて、ずるずると落ちてしまった。

辺りは一面の青田の波、遠くに農家が、二、三軒点在しているだけ……。

ベントレーは二トン半以上の重さだから、五、六人でも持ち上げられない。こうなると上空院は、今この現実をどうするということより、先の先を考えて不安になってくる。

「困ったわね。暗くなったらどうする?」

と私が言うと、

「人間より牛がいい。牛を借りて来てくれ」

と言う。

牛がベントレーを引張る? この突拍子もない発想と語気に押されて、私は仕方なく牛を探しに歩き出した。

グレーのベントレーを黒い牛が引張る光景を思い浮かべながら……。

やっと農家に着くと、井戸端に捻れ型のがっちりしたおぢさんが立っていた。

「あのー、車が田んぼに落ちたんですけど、牛を貸して戴けませんか」

「牛をどうするんだね」と怪げんな顔。

「車が大きいんで、牛なら力があるんでしょう?」

「この辺は、どこも牛を飼っていないんでね」

それでも、おぢさんは親切についていて来てくれた。

「あそこです」

しかし、ああ何たること！　ベントレーはもう道路に上がっていた。どろんこになった子供たちが十二、三人、先生がニコニコしながら、何か話している。「どうもすみません。子供さんがみんなで押してくれたらしいわ」と私はおぢさんに謝まって、それからみんなに礼を言った。

車が走り出す。

「何故、牛を探しに行けと言ったの？」

「あんたが傍にいると、ツベコベ、うるさいからさ」

私は腹が立つより無性に可笑しくなった。ふと振り返ると、青田の中で、子供たちが、みんなで手を振っている。

私も思わず、車の窓から手を振った。

# 九種と一種の夫婦

「ごはんよ」返事がない。

「お食事よ！」

「ウン」

それでもおみこしが上がらない。並べられたご馳走を前にして待っているのもつらいから、一つ分からないようにつまみ食いして、新聞か雑誌をひろげる。やっと足音がしたと思うと、スーッと素通り、トイレである。先生のような体癖の人はしゃがむのが何時間でも平気。本をもって入らなくとも、書斎風に自ら設計した赤松の棚には、本もライターも灰皿も備えつけてある。入ったら最後なかなか出て来ない。だから温かいものは大抵さめてしまう。

人間は空腹になると腹が立ち易くなるものである。それを抑える方法として、こちらはこちらでつまみ食いしながら本をひろげ、読みながらつまみ食いする。気がつくと何時のまにか半分以上減ってしまっていることがある。しまった！　そこで上手に盛り付け直しをして立ち上がり、「さめるわよォ」とか、「今日は午前の日よ」とかどなる。

ところが、そのことが他の方に伝わる時には、「家内は私を雪隠《せっちん》づめにして小言を言う」と変わってしまうのである。自ら雪隠入りしているくせに、そういう表現をして相手にそう思い込ませることは実に巧みである。「私が黒いと言えば絶対に黒いのだ」といった式である。

○

さて、食事となると、またたく間に食べてしまう。立居振る舞いにも独特の速度があるが、噛んで食べているのかしらと思う程速い。私は学校時代に、クラスで有名なほどユックリ食べていた。いや、食べることに限らず、すべての動作がユックリ悠然としていた。人それぞれ、その人のもつ速度というものは、そう簡単に変えられるものではない。変えられないから体癖素質なのであろう。速度ばかりではない。例えば味噌汁かスープの中に蠅がとび込んだとする。途端に食欲がスーッとなくなって他のものまで食べられなくなってしまうのであるが、先生はそれをつまみ出して平気で飲んでしまう。「ウワー気持ちわるい、よく平気ね」と言うと、「何、これだって蛋白質のようなもんさ」とすましている。私には到底真似の出来ないことである。

ところが「先生のお好きなものは？」と訊かれると、「旨いものは好き、不味いものは嫌い」と言う。それも、つくる人の気がこもっているかいないか、その気が純粋であるかないか、そういうことには恐ろしい程敏感なのである。だから料理屋でも気に入った処を見つけると飽きるまで通い続けるが、一度料理に気がぬけていたとか、わさびがクリーム臭かったという一寸した理由で、もう二度と行こうとしない。そして何年経っても昨日の如くにそれを覚えているのである。

○

予定、計画を立ててそれに縛られることが嫌い。時間に縛られることも嫌い、だから先生が会社員になったら、三日でクビになってしまうだろう。以前、道場には偶数日は午前九時に始め、奇数日は午後二時より始めると掲示してあった。しかし時間通りに始めた試しがない。

「先生、もう十一時ですよ」と待ちくたびれて不平そうに言った人に、「僕の始める時が九時です」と言ったそうである。

〝明日は休み〟という時でも、子供たちと約束でもしない限り、「明日はどうするの？」と訊くのは無駄だから、訊かないことにしている。多分、郊外ドライヴと思ってお弁当の仕度などしておくと、「今日は一日ゆっくり音楽をきいていたい」などと言う。そのつもりで片づけものなどしていると、「出かけるよ」と言うが早いか、もう立ち上がり、サッと玄関に出て車にエンジンをかけているのである。さァ大変、お茶、果物、と何でもつみ込んで、着がえるひまもない。靴下などは車の中へ持ち込んではく始末である。

「何処へ行くの？」「わからない」行く先は出たとこ勝負である。「右に行こうか、左に行こうか」と言うから「右」と答えると、大抵左へ曲がってしまう。それなら訊かなければよいのに……。

時間に縛られない休みの日は、未だ通ったことのない道を見つけると、大変ご機嫌である。ところが、私の方はその道がだんだん狭くなると、行き止まりになったらどうしようと、妙に不安になってくる。何故なら、今来たこの道を、バックしなければならないからである。妙な取り越し苦労をしておびえるのは一、二種体癖の特徴というが、しかしそれ程、先生はバックが下手なのである。何時《いつ》か、相模川を見下ろす崖ふちの細道を、どうか車に出会わず通り抜けられますようにと念じつつ走った時の緊張感を、時々フッと思い出す。

先生は人生行路に於ても同様、前進又前進である。道がなければ道をつくり、川を渡り岩をのり超えて前進する。ところが残念なことに、車の運転ではそうはゆかない。車は道のない崖を登ることも、川を渡ることも出来ないからだ。そこで嫌いなバックもこの頃は大分上達してきた。

ただ車に対する先生の歎きは「人間の体は実によく出来ていて、壊れても自然に治るはたらきがあるが、車はそうはいかない」ということである。そして自ら凹ました車体を、もどかしそうにじっと眺めていることがある。

○

かつて子供たちがまだ幼なかった頃、夏はよく赤倉の別荘の谷川で遊んだ。私が草臥《くたび》れて、草にねころんで青い空、白い雲を眺めている間も、先生は子供たちと谷川の石をおきかえての庭つくりに、半日でも一日でも余念がなかった。

「沢山ある石の中で、それさえ除けば流れがドッとふえる石がある。逆に、ある処に石をおくことによって流れを急にすることも出来る。人間の体もそうだ、今日はいいことを見つけた」

ただ遊んでいるのかと思っていると、そうではない。先生の頭は一分一秒も休みなく、新しい驚きをもって何かを発見しているのだ。

「何が面白いといって、人間を見ているくらい面白いことはない」と先生は言う。先生の四十年にわたる人間観察は、その人自身も知らないその人の本質を見抜いてしまう。だからよく「先生はこわい」と言われるが、私などは気取っても、嘘をついても、すぐ見抜かれてしまうから、ざっくばらん、本来あるがままに如《し》くは無しと思うようになった。そしてこれくらい気楽で自由な生活はない。

○

昭和二十九年頃、全療協の集まりのあった神田の宿で、東洋棉花の人が腰が抜けて立てなくなり、かつぎ込まれたのを立てるようにしたあと、奥多摩へドライヴした日のことである。玉川屋の二階でそばを頼んで待つ間――、

「あの人、何故動けなくなったの？」と私が訊いた。

「腰椎三が捻れたのさ」

「この前も同じようなタイプの人だった？」

「そう、ああいう体が腰を抜かす」

「ああいうでは他人に説明できないわね」

「よし、誰にでも判るようにしよう」
　△▽□▯○とノートに書いて体形の分類を始めた。
「格好だけで判るの？」

「いや、手がかりだ」

「じゃア、駄目ね」

「体運動の習性が体に残っている状態さ」

「体質じゃアないの？」

「違うんだ。寧ろ素質の一種だ。腰椎部の過敏反応素質とでもいえばいいだろう」

「少し、長いわネ。気づかずに過敏運動の繰り返しをやってしまうんだから癖かしら？」

「そうだ。体の癖だ。体癖素質としよう」

「体癖素質A型、B型とやったらどう？」

「いや、体癖素質は人間の感じ方の反応方向で分類して、その習性を確かめる。それを体癖素質として分類してみよう」

ノートの楽書きが始まる。こうして、その時から長い操法経験を系統づけることが始まった。

○

先生の体癖論の構想はすでに頭の中でまとまっているらしい。講義録のプリントはすでに山と積まれている。ところが、そのどれも気に入らないらしい。原稿を書いても気に入らないと何十枚でも一気に書いたものを、惜しげもなく捨て去る。そしてまた書き直す。何回でも何十回でも、自分の気に入るまで……。

この集中力と集中持続のエネルギーの方向こそ、先生の最も特筆すべき体癖素質なのであろう。

先生が集中して考え、書いている時は、お茶もお菓子も何時、何を食べたか覚えていない。そして、「今日はオレにお茶も出さない」と言う。

「アラ出したじゃないの、ホラ、空になってるわよ」

「いや、僕は飲まない。あんたが飲んじゃったんだろ、ごまかしても駄目だ」

とんだぬれ衣である。呆れて言葉もない。

先生の体癖論で今、先生自身が気に入った原稿は序論だけである。それはすでに「平衡要求の二方向」と題して印刷されている。これから拡がる体癖素質とその分類が、体量配分の研究と相俟って完成したら、無意動作の観察による新しい人間学のようなものが出来上がるのではないか。

私はそんなことを空想しながら、当分、奇妙なぬれ衣を何枚でも着ることにしている。

# 猫の怪我

夜おそく「チロが車にはねられたのか、大怪我をして死にそうです」と吉岡さんが言う。急いで行って見ると、チロは納戸の小さい机の下で、気息奄々《きそくえんえん》としていた。右の頬がつぶれ、右前足は折れてクニャクニャである。血はもう、吉岡さんがふいてやったとのこと。それにしても、異様な臭いが部屋一杯に漂っている。「これでよく帰って来れたわね」「車にはねられたのでしょうか、それとも喧嘩したんでしょうか」原因追究より、ともかく愉気しよう。手を離して愉気してみると、後頭部にスースー冷たい感じがある。愉気法講座で、「後頭部の冷たい時は警戒」という先生の言葉が途端に浮かんで来て「この臭いは死臭ではないかしら」と連想が悪い方向へ走る。背骨は胸椎の上部が弓のように曲がって、やはり冷たい箇処がある。冷たいというのは麻痺、鈍りであるから、余程強く打ったのだろう。それでも愉気していると、ビリビリ感応してこちらの手が痛いように吸いつけられる。これは恢復の動きである。もしかしたら助かるかも知れない。先生に報告すると、

「禁点を調べたか」

「あら、猫でも禁点に硬結が出るの？」

「人間と同じさ、猫だって頸椎も胸椎も腰椎も同じ数だけある」

しかし、禁点を調べて、もし硬結があったら「もう四日で死ぬんだ」と思いながら愉気しなければならない。死ぬにしても、死ぬ間際まで助かると思って、一生懸命愉気してやった方がいいと思った。

その日の夕方、道場から帰ると、チロがいなくなっていた。猫は死ぬとき姿を隠すという。もしやと思いながらも方々探すと、驚いたことに、二階のオタカ[*17]のベッドに寝ていた。あの体で、どうやって二階まで上がったのだろう。

カナダ留学中で、主のいないオタカのベッドに行きたくて、必死で階段を上がったチロが痛々しかった。チロにとって、そこは最上の憩いの場所だったに違いない、オタカのいるころは、毎夜オタカに抱かれて寝ていたし、お産のときも、少しも汚さずに産んでしまったベッドなのだから……。

二日目も三日目も、チロは何も食べずに昏々と眠りつづけた。吉岡さんと私が代わりあって愉気すると、力ない声で「ニャーォ」と言うだけだった。依然として異様な臭い――。

「オタカに知らせない方がいいわね」

「知らせようがないよ」とロイが言う。今、オタカは夏休みで、ペクタルさん一家とトレーラーで、アメリカ大陸横断旅行をしている。帰ってくるのは七月の末頃になるだろう。

「チロが元気になったら手紙出そう」

「死んだとしても知らせなきゃ……」

〝チロが死にました〟という手紙を読むオタカを想像すると胸が痛んだ。

三日間、飲まず食わずのチロが、四日目に階下に降りて来た。どうやって降りて来たか、ともかく三本足で、ヨタヨタ歩いて来たのでビックリした。そして花瓶の水を飲もうとしたので、急いで水を汲んでやると、さも美味しそうに、二口、三口と飲んだ。子供の病気でも、自分から水を欲しがったらそれを転機に恢復に向かうことを、私自身体験しているので、ホッと明るい気持ちになった。

午後になって、食堂のソファに坐ろうとしたら、皮の椅子に水溜りがある、「亜紗かしら」と思って臭いを嗅ぐと、まさしく猫のオシッコ。その臭さ、その量の多さ。三日も食べないで、よくもこんなに出せたものだ。しかしこの排泄によって、体中の毒素が掃除されたのだろう。私は顔をしかめてクッションを洗うやら、干すやらしながら、

「これでチロはよくなる」と確信した。

先生が帰ると、私はそのことが嬉しくて話した。

先生は「何だ。死ぬと思っていたのか、僕は初めに禁点を調べて大丈夫と思っていたよ」と当たり前という顔をした。

やはり如何なる場合でも、観察がキチンと出来なければならない。生か死か、よくなるか悪くなるか、その見通しが出来るものは心静かに経過を見ていられるし、出来ないものは目前の変化に一喜一憂する。いつか奇数日の操法の日、先生の動作が急に遅く重くなり、やっと歩いている様子なので具合が悪いのかとハラハラしていたら、遂に書斎に引込んでしまった。心配になって急いで行って見ると、

「パンツのゴムが切れた」――まさに一憂一笑である。

その翌日、チロはもう三本足で庭へ出て行き、緑陰の土の上に身を横たえていた。ふと初めに先生の言った言葉を思い出した。

「土の上に寝かせると、早くよくなるんだがな」

あの時、すぐにそうしてやらなかったのは、オタカのベッドに必死で行ったチロを、そのままそっとしておいてやりたかったからだ。しかし今、元気をとり戻したチロは、先生の言ったように、自ら土を求めて、土の上に寝ている。これも本能の智慧なのだろう。

日一日と、チロは上げ潮に乗ったように元気になってゆく。あの異様な臭いも薄れ、顔もふっくらして、毛の艶も出て来た、海苔、牛乳、鰹節、魚など、順々に食べるようになった。

あんなひどい怪我をもし人間がやったら、こんなに早くは恢復しないだろう。それは何故だろうか。

先ず人間は頭が働くために「もしかしたら死ぬのではないか」などと余分な空想を

してしまう。猫のように無心に、生きものの裡に働く「生の設計」に任せきることが出来ない。その経過を乱すか、不安と恐怖で、余分な手当をいろいろやる。余分なことというのは、その経過を乱すか、邪魔するだけである。もし手当をするなら、その文字の通り、心静かに手を当てて愉気したらいい。

もう一つ、猫はある時期は食べないで、存分に眠って体を休ませている。確かに寝ていれば、起きて動いているときのように消耗しないから、食べない方が自然なのだ。それなのに人間は先ず食べなければ弱ると考える。食欲がないと言っては心配し、栄養、栄養と、はては点滴とかいうものまでやる。

しかし、先生は言う。「欠乏するから満たそうとする意欲が起こり、それを果たすべく体中の力が動員される」と。

それならば消耗もしないで満たされたという飽和状態は、生きる意欲まで失なわせてしまうことにならないだろうか。

私がかつて大病して、排泄がひどくて骨と皮だけになってしまったとき、先生は先ず食べものを制限した。パンを四分の一だけとか、魚は半身とか、お粥は半膳とか、そして進行形に毎日少しずつ増やしていく方法をとった。だからお腹が空いて空いて「餓鬼道とはこのことか」と思った位だった。立てない私は這って行ってパイを、こっそりつまみ食いしたことさえあった。口惜しいけれど私は先生の作戦に見事にひっかかって、以前よりもずっと元気になってしまった。外から与えることだけしか考えない今の養生法は、人間を動かす原動力が何であるかを見失っているように思えてならない。

チロは目に見えて元気になってゆくのに、三週間が経った今でも、まだ三本足である。背骨の曲がったのもいつのまにか元に戻り、右前足も弾力が出て来たのに、依然として歩くときは、先を曲げてひきずって歩く。

「チロはこのままビッコになってしまうのかしら」

「骨はもうつながっている。ただ痛かったという体の記憶で使えないんだよ。何かの拍子に足を地につけて、何ともないことが判ると、それからサッサと歩くようになる。三カ月もかかった犬もあるよ」と先生が言う。

私はいつか綱をといて放してやったのに、まだ繋がれているつもりでいる犬を面白いと思ったことを思い出した。

しかし、人間の病気でも同じだ。雨がもう上がっているのに、まだ降っているつもりで傘をさして歩いていたり、雨上がりの水溜りに似た症状を気にして、まだ治らないと思っていたり、決して犬や猫を笑えない。いや、人間の生活は、と思い込んでいることに支配されて、能力を狭め、生きる働きを萎縮させている面が、意外に多いのではないか。

夢窓国師は柱があると思って依りかかったら倒れた、そして起き上がろうとした瞬間にハッと悟ったという。人間が自分の錯覚に気づいて、裡なる力に目覚めて立ち上がるとき、そのときこそ、何ものにも依りかからない、ほんとうの意味の自由と独立が得られるのだと思う。

# 隻眼録

## 一

〝愕然とする〟というのは、こういうことだろうか。何げなく片眼を押えて、片方ずつ見たら、左眼がまるで見えない。

六月二十八日の朝のことである。

この年になって、眼鏡もかけず、本の校正など出来る自分の眼に自信があっただけに、このショックは大きかった。

そういえば、五月の末ごろから、眼が疲れやすく、時々、ぼうふらのような黒いものが眼の前にチラチラするなど、妙な徴候があったが、これは五、六月の季節に起こりがちな過敏現象だとばかり思っていたのだ。

「いやだわ、左眼が全然、見えないわ、眼の使い過ぎかしら？」

「使い過ぎではない、使い方だ。使ったあとの休め方だ」と先生。傍からロイが、

「独眼竜でも、剣の名人がいるよ」

「変な慰め方しないでよ。でもいつからこんなになったのかしら」

するると先生が言った。

「いつからでも、気が付いたときから恢復要求が起こる」と。


この言葉は、今の私にとって唯一の救いであった。それは〝やがて見えるようになる〟ということに、つながっているからだ。

それでも、やはり心の動揺は隠せない、気になって、何べんも、左眼だけで見てみる、見えない。ただ厚い不透明硝子が、ボーッと明るいだけ……その前を、黒いぼうふらや、煤《すす》のような影が、眼を動かすとついて来る。

だんだん、心細くなって来て、道場へ出かけようとする先生をつかまえて訊いた。

「ねえ、治るのかしら？」

「そんなこと、人に訊くことか！　治る、治らないは自分で決めることだ」

弱い者は、突き放されて、初めて自分自身を取り戻す。

先ず、他に依りかかろうとする受け身な心を捨てなければならない。

また、何かのせいにすることも、責任逃れだ、「こんな私に誰がした」という歌が、戦後流行したことがあったが、そうなったのは誰のせいでもない、自分自身に虚があったからだ。今までの自分の生活の中で何がいけなかったか、どう改めたらいいのか。

それよりも、先ず、自分で「治る！」と心に決めよう。「念ずれば現ず」と、若き日の先生の語録にあったではないか。

## 二

翌二十九日――休日。

左眼の厚い不透明硝子が動き出して、深い霧の奥に、ものの形がぼんやり見え出した。すると昨日は、他の誰にも話したくなかったのに、平気で口に出せるようになった。

「私の左の眼、ぼーっとしか見えないの」

その言い方が深刻でなかったからか、アッピイを抱いたママが言う。

「じゃあ、私でも、きれいに見えますでしょう？」

「ところが、お生憎さま、のっぺらぼうのお化けで、目も鼻も口もないわ」

昨日よりよくなっているから、こんな冗談が言えるのに、みんな急に、私を病人扱いにして、何もやらせまいとし出した。孫どもは来なくなるし、先生から、読むこと、書くこと、テレビを見ることなど休むように言われているから、何もすることがない。

夕方、青葉台のダンから電話が来た。

「ママ、半身不随になったんだって、僕、愉気に行こうと思ったんだけど、意外に元気な声だね」

意外とはこっちの方だ。半身不随なんて……デマとは、こういうものなのか。

私は生まれて初めて、自分の生活の中で、眼というものが如何に重要な部分を占めていたかを思い知った。

とにかく活元運動をする。深息法[*18]をする。そして頭の穴追いの愉気——。

すると、この汗、このあくび、この涙、よくもこんなに後から、後から出てくるものだ。しかも汗も涙もベタベタしている。先生が通りすがりに、ちょっと後頭部を押えて、

「ここだ、この硬結だ」と言った、飛び上がるほど痛い。丁度、後頭部第五[*19]の左上あたり……。

「この硬結の具合だと、あと二日かかる」

そういうと、さっと音楽室へ入ってしまった。

三

三十日――。

昨日、今日、明日と、休みがつづくので、先生は音楽室で、ゆっくり音楽が楽しめる。そして音のテスト、テスト、テスト、自分の気に入る音が出るまで、倦くことを知らない。

今かけているのは、シューベルトの「冬の旅」だ。急に聴きたくなって、そーっとドアーを開ける。

「冬の旅でしょ？　聴かせて……眼が使えなくても、聴く楽しみがあったわ」

と言うと、先生は快く頷いた。

静かに目を瞑って聴く。四年前、大病して寝込んでしまったとき、繰り返し、繰り返し、貪《むさぼ》るように聴いたのもこの曲だ。何という偶然だろう。

私はこの曲では、フィッシャー・ディスコウと、伴奏のムアーのピアノが好きだ。その澄んだ静けさには、魂の安らぎがある。何故か涙が出てくる。そして終わっても尚、私の心は、ライエルマン（辻音楽師）を奏でつづける。ひょっとしたら「冬の旅」は終わったときから始まるのではなかろうか。

「もしも両眼が見えなくなったら、どんなに悲しいでしょうね」

眼が見えないのと耳が聴こえないのと、どちらが悲しいだろうか。「それは耳が聴こえない方が悲しいよ」と言った人もある。しかし私は、やはり眼が見えない方が悲しいと思う。私の仕事は、読むこと、書くこと、校正すること、絶対に眼が必要だ。これからは眼をもっと大切にしよう。

## 四

先生が「あと二日」と言った日が来た。

その七月一日の未明――。

鳥の声に目が覚める。薄明りの中で、そおっと左眼だけで見てみる。

ぼんやりながら窓が見える、障子の桟が見える、「ああ、よかった」と思ったら、いつのまにか又眠ってしまった。

寝坊して飛び起きて、風呂に短く入って出てくると、食堂で先生は新聞を読んでいた。

「見えてきたわ、少しずつ」

「見えたり、見えなかったりしながら見えてくるよ」

先生は当たり前という顔をした。

午後になって、ふと脈をみると、手首の脈も、お腹の脈も、二の字の脈[*20]になっている。整体では、脈の数だけでなく、脈の質を観る。この脈が出れば、体の変動が一段落して、体が弛むときである。高熱が下がって平熱以下になるのと同じことで、この時期に休めれば、あとは以前より丈夫になるという。先生に見せると、

「二の字だ。弛みだよ」

と言って、秋葉原へスピーカーを買いに出かけて行った。

〃しめた、鬼のいない間に〃と、早速、上空院は長椅子に悠々と寝そべる。すると、一時間程して電話が来た。

「今、道場だ、秋葉原は時間がないからやめた。小川軒に行くから来ないか」

「だって、今は休養の大切なときでしょ」

「休養とは寝ていることではない。子供じゃあるまいし……身心を弛めて、普段通り動いていることだ」

寝ていたのが、どうしてバレたのかな？

「行きますよ、すぐ行きます」

とうとう出かけることになった。クーラーで冷えない身仕度をする。

先生は、絶対安静ということは、反《かえ》って体に無理を強いることになるという。人間の自然は動くということだからである。


小川軒のカウンターの隅で、身心を弛めるつもりで、目を瞑ってゆっくり食べる。不思議なことに、いつもは周囲に気を使ったり、周囲の眼を気にする上下体癖の傾向が全くなく、自分の世界の中にすっぽり入り込んで、一口、一口味わっている自分に気づいた。すると、料理の旨味が感じられるのだ。今までは、見るとすぐ食べて、飲み込んでしまっていたような気がする。先生が「上下型は味が判らない」と言った意味が判るような気がした。

「眼が悪くなったおかげで、味わう愉しさを覚えたわ」

と言うと、先生は、

「僕は味わうときは、いつも目を瞑っているよ」と言った。

## 五

二の字の脈は夜中に終えて、一の字から普通の脈に戻った。

その朝、先生は初めて、音楽室で操法をしてくれた。

恥骨から、左腸骨にかけての縁と、アキレス腱の外側を押えられると、ひどく痛いところがある。

更に「眼と呼吸器は一組だからね」と言いながら、上胸部操法、最後に頭の穴追いであった。

今回の経過の中で、先生が自分から操法をしたのは、この時一度だけだった。

左眼の霧は、ある時は薄く、ある時は濃くなる。それでいて、それを通して、ものの形や線が、ところどころ、はっきりしてきた。それにしても、この霧が晴れ切るのはいつだろう。

そこへ、アッピイがやって来た。アッピイは数日前、車庫で怪我をして、額の真中に大きなカサブタが出来ている。

それを見た瞬間、ふと思った。〝あのカサブタはその下に、きれいな皮膚が出来るまでは、とれないだろう。私の左眼の霧も眼の奥の組織がきちんと整うまでは、眼を保護しているのかも知れない〟と。

心とは不思議なものである。心の角度が、ちょっと変わるだけで、今まで、気にしていたものが気にならなくなる。

待とう、どんなに焦ったって、生命時間を支配することは出来ない、気にしてカサブタをいじくれば、いつまでも傷が残って、結局は長びいてしまうことを体験しているではないか。

それにしても、体の自然は、何と微妙精緻な演出をするのだろう。

## 六

七月三日――。
頭の穴追いを、お弟子さんにして貰うと、眼の活元運動が旺《さか》んに出てくる、よくもこんなに、何処で製造するのかと思うくらいに、涙が出てくる。これも掃除かと、動きに任せていると、急に眼の奥に痛みが出て来た。何か劇薬でもかけられたような痛み！　この痛み、覚えがある。そうだ。二週間ほど前、髪を洗いながら、シャンプーが眼に入ったことがあった。あの時の痛みだ。しばらく眼があけられなくて、涙も出ず、タオルで蒸していたら、見えるようになったので、そのまま忘れていたことを思い出した。

先生に言うと、

「その時、水でよく洗って、そのあと、手の親指の爪の根本（食指寄り）を押えて愉気しておけばあとに残らない。

しかし、痛みが出てくればもう治りだ」

そう言われると、急に元気が出て来た。

五日の夜中に、今度は、足が攣《つ》って、痛んで来た。どうにもならないので、あちこち姿勢をかえると、右足に移ったり、左足に移ったりする。アキレス腱の外側が特に痛むので、そこを穴追いしながら愉気してゆくと治まって来た。

朝、先生にその話をすると、

「そこは視力と関連があるところだ、時々叩いて愉気をしておくとよい」

もう一つ気づいたことは、左右の耳を同時に触ると、左耳が萎縮して小さく薄い感じがすることであった。耳殻の縁を引張るように爪で狭んでゆくと、特に痛いところがある。

それは胸椎十番にも関連があるとのこと。

だから、眼の異常といっても、整体では、身心のある変動の現われとして観てゆくのだろう。

ともかく、変化のある度に、日一日と眼の奥から後頭部へかけて、頭の中がすっきりして来る。

## 七

七月六日は道場で七夕パーティー。

七色の短冊に書く願いごとが、今年は後から、後から湧いてくる。それだけ体の中で、新しい動きが起こりはじめているのかも知れない。

その夜、七夕竹の傍で、ブランデー・グラスを片手に、先生は〝人間の願い〟について語った。心の働きは、私たちが考えも及ばないような可能性をもっていること、そして人間の生きる道は誰も、心によって自分で開拓しているのだということであった。

先生は小さい子供たちにも判るように、

「願いごとは、書いたら忘れてしまいなさい。欲しいものは、気をこめて言葉に出して言いなさい」と言った。私は今まで、書くだけで、言ったことはなかった。

そこで宴のあと、暗い庭にこっそり出て、子供のように、夜空に輝くお星さまに言った。

「見える、すっきり見える」と。

こんな単純で当たり前のことが、今の私にとって、最も切実で真摯な願いだったのだ。

ところが七日の夜、十二時近い晩食のときである。

カレー・グラタンのカレーが、何のはずみかはねて、またしても眼に入ってしまった。大急ぎで眼を洗って席に戻るや、

「あー、いやになっちゃうわ、折角、眼がよくなって来たのに、またカレーが眼に入ってしまったわ、全く何の因果かしら？」

と、先生にこぼすと、

「食いしん坊は、眼でまで食おうとする」

トタンに何だか可笑しくなって、みんな吹きとんでしまった。

## 八

七月八日、月例の関西講習は、いつも先生とロイが行くことになっているが、今回は私も加わることになった。誘われて、私自身も二、三日旅をすることが、一つの転機になるような気がしたからである。それに、ダン一家もノンコ[*21]の里帰りで一緒に行くというので、楽しい旅になりそうだ。

ともかく眼が眩しいので、サングラスを買う。東京駅へ行く車の中でかけていると、ロイが振り向いて、ビックリしたらしく、

「ママ、みっともないぞ、狸みたいだ」

「いいわよ、もう見栄も体裁もあったものじゃないわ、快いことが最上よ」と平然としていた。

ところが午後三時、駅のホームでダン一家と合流したとき、茶色い帽子をかぶったアリ[*22]に、

「ばーばよ」と手を出すと、ママにしがみついてしまった。

やはり、狸なのかな?

新幹線の中で先生が言う。

「サングラスも今はいいよ。しかしいつまでも庇っていたら、その状態に適応してしまう。体は使いながらよくなってゆくのでなければ、ほんとうには丈夫にならない。使いながら、ここで休める、ここで使うという具合に、力の入れ抜きを覚えるべきだ」

では週刊誌でも……と思って読もうとしたら、眉根のあたりが痛んで読めない。まだ体が拒否するのだろう。

窓の景色は眩しいし、カーテンを閉めて目を瞑っているうちに、いつのまにか寝入ってしまった。


眠りから覚めると、もう夕暮れで、新幹線は名古屋を通り過ぎていた。

何げなく、片方ずつ見ると、驚いたことに、見える、見える、左も右も同じに見える。隣の先生も、ロイも、離れた席でママに抱かれて眠っているアリも……。

更に窓ごしの景色を見る。何べん見ても、やはり同じだ。

遥か遠く、金色の夕陽に縁どられた薄紫の雲の、ああ、何という美しさ!

私はその雲に向かって、

「見えるよォ――」

と両手を展《ひろ》げて叫びたかった。

# 砂丘

月ノサバクヲ　ハルバルト
旅ノラクダガ　ユキマシタ
金ト銀トノ　鞍オイテ
二ツ　並ンデ　ユキマシタ

……………………


日向ぼっこしながら、私が何となく歌っていると、傍で折り紙をしていた亜紗が、

「バーバ、駱駝ニ乗リタイヨ」と言う。

「そうね、今度いつか、駱駝のいる砂漠へ連れて行って上げようね」

そう言いながら、私は十二、三年程前、先生と行った鳥取の砂丘を思い浮かべていた。

○

あれは山口講習のあとだったか、行く春の山陰路を旅したときのことであった。

この旅は、何とも珍妙な弥次喜多旅行で、そもそもは、新婚のNさん夫婦が、三朝《みささ》温泉へ招待して下さったことに始まる。

長門《ながと》から、山陰線に乗ったのはいいが、Nさん夫婦は、われわれに遠慮したのか、それとも二人きりでいたいのか、遠くの車輛に行ったきり姿を現わさない。

「何ていう駅で降りるの？」

「知らないよ」

「三朝温泉へ行くんでしょ、三朝なんて駅があるかしら」

「迎えに来るさ、心配する位なら、初めから調べておけばいいんだよ」

例の如く、上空院の痛い処をついてくる。

ところが、ある大きな駅に列車が入ると、「ここだ！」といきなり立ち上がる。私は〝サア大変〟とばかり、網棚から、トランクやスーツケースを降ろし、やっとのことで、ホームに降りると、Nさん夫婦が見当たらない。

「ここじゃないわよ、乗りましょう」

発車のベルが鳴る。急いで、また乗ると同時に、列車は動き出した。ホッとしてさっきの座席に坐ると、今度は私が鉾先を向ける。

「今の、松江という駅だったわね。どうして降りたのよ」

「出雲そばという看板を見たら、食いたくなった」

何たること！　食べたくなる度に降りていたら、目的地にいつ着くか判らない。

丁度、その時、鮎寿司弁当を売りに来た。その美味しかったこと……。

「あの鮎寿司は旨かったな――」と今でも語りあう程だから、確かに空腹のせいだけではなかったと思う。


三朝川の清冽な流れのほとり、山懐ろの里に三朝温泉がある。何とかいう大きな旅館の天皇陛下が泊られたという部屋に通される。座蒲団の高さが二〇センチもあるかと思われる何とも豪華な部屋で、女将が先生の前にひれ伏して挨拶した。

「管長さま、ようこそ、ムニャ、ムニャ、ムニャ」。きっとなにか宗教の教祖さまと思ったに違いない。

そして私の方に向かって、かつて私の父がこの宿の、この部屋に泊ったという話をした。私は山陰のこんな山里に、父の泊った宿があり、そこに又、私が泊る、なにか不思議な気がした。

正座したままの夕食が終わると、やっと窮屈な思いから解放される。旅の疲れを温泉《いでゆ》に流し去り、湯上がりのほのぼのしたぬくもりに、庭下駄をはいて外に出る。大きな庭石のある闇に月の光が淡い。父のことを想いつつ部屋に戻ると、ほろ酔い気分の先生が何やら、楽書している。

朧夜に　下駄をひきずる　女哉

それならばと私も筆をとる。

朧夜を　女下駄はく　男哉

管長さまの一夜が明ける。われわれはNさん夫婦と別れて、車で鳥取の砂丘へ向かった。

どんな天下の景勝でも、人間を観る方がずっと面白いという先生が、何故、砂丘を見ようと思ったのか。先生の言を借りて、〃砂と空と海があるだけ〃と言ってしまえばそれだけのことなのに……。

車が停る、砂丘の入口らしきところ——今日は観光客が一人もいない。ただ駱駝が三頭いた。赤い飾りの鞍をつけた白い駱駝が一頭、あとは、ふつうの駱駝である。この駱駝に乗って、砂丘を見物するのだという。尻込みする私に、先生が、「乗ってみよう」と言った。

先生はいきなり「これがいい」と、白い駱駝を指さした。〝銀鞍白馬春風を度《わた》る〟とまではいかなくても、そんな気分を空想したのかもしれない。

「これは記念撮影専用です。どうです。お揃いでひとつ……」と、馬子ではない、駱駝子が言った。

「新婚旅行じゃあるまいし……」と私が、何となく照れて言うと、「乗るなら、このスカートをはいて下さい」と、汚ないダンボールの中から、アラビア風か、インド風か、更紗みたいなスカートを二枚、周りが二メートルもあるかと思われるような大きさで、上だけゴムがついている。

「どうして、これをはくの?」

「駱駝に乗ると着物が汚れるからね」

これをはいた方が汚れるんじゃないかと、内心思いながら、私がためらっていると、先生はさっさと茶系のスカートを取り、上から被って袴の上につけ、下駄を脱ぐや、ヒラリと駱駝に乗ってしまった。その速いこと！　王子さまどころではない。〝臨済、駱駝に乗る〟といった感じだ。

同時に、駱駝はもう歩き出していた。

体癖の相違とはいえ、上空院はモタモタ考えながら、ベージュの花模様のスカートをはき、「怖いわ」と言いながら、やっと乗る。それでも乗って見ると、その高さが快かった。しかし、海に向かったらしい臨済には、もう、とても追いつけそうもない。

私は、私の道を行こう。あっちが臨済なら、こっちは風来坊の普化《ふけ》といこう。砂丘には道がない。心の赴くまま、行けば自づから道になる。空には白い雲が日を包んで、動くともなく動いている。地には起伏して果てしなく拡がる砂丘の風紋――その空漠の中に、ただ一点として息する自分の、何と快いことか……。

ふと、我に帰る。先生はもう帰っているかな？　待たせたら、嫌な顔をするだろう。現実はきびしいのだ。急いで向きを変える。

ややしばらくして、遥か遠くの砂丘に、一点、駱駝に乗った人影が現われる、先生だ。

手を挙げている。私も思わず、手を振った。私は急に活き活きとなる自分を意識した。

この空漠の中での出会いの一瞬が、何故、こんなにも新鮮な感動をよび起こすのか。恐らく、われわれは日常生活の中で、いやという程、面《つら》つき合せて暮らしていながら、ほんとうは出会っていないのではないか。たとえ、夫婦、親子、兄弟であっても……。

そして、ある日、ある時、ふっと、こういう出会いを感じることがある。〝幸せ〟を感じるというのは、そういう瞬間なのかもしれない。

○

「亜紗モ駱駝ニ乗リタイヨ」

という亜紗の夢は、ひょっとしたら実現するかもしれない。今年の夏の体癖講座が、米子に決まったからだ。亜紗が一緒なら、もう一度、あの砂丘に行ってみたい。

「亜紗が、駱駝に乗ったらね……。

遠くの方からぢっちゃんが駱駝に乗って帰ってくるかな？」

# 真意

十二月に入ってある日――。

このことだけは書いておきたい、という気持ちにかられて、私は夜中までかかって、この原稿を書いていた。

その日が奇しくも父の命日だったことを忘れていて、翌日、人から知らされたが、何か不思議な気がしてならない。

話は三十年前に戻る。

○

昭和二十年十二月十四日。

雪深い新潟の善性寺で、A級戦犯の中に父の名が〝近衛文麿〟と、確かにラジオで放送されていたと、村の人から知らされたとき、私はまさかと思った。あれ程、戦争に反対した父が何故、と……。

ともかく父がいる筈の軽井沢へ行こうと思った。それに、昨夜、本堂にあった梧竹の六枚屛風が、風もないのにすーっと倒れて、四と二に裂けたことが、私の心に何か不安な影を落としていた。

切符をとるさえ困難なのを、やっと手に入れ、混んだ列車に立ちづめで軽井沢の駅に降りたときは、もう星空になっていた。人影のない高原の道を、私は早く父に逢いたくて、急ぎ足で歩いた。

ところが辿りついた別荘は真暗で、ひっそりと閉ざされていたのである。東京へ行こう。しかし、今夜は、ここに泊るしかない。お隣の別荘番を訪れると、

「とうにお発ちになりましてねえ」と、気の毒そうに、鍵をもって出て来た。

「お二階にお蒲団をおとり致しましょう」と奥さんが二階に上がってゆく。私はその間に父の書斎に入ろうと、電灯をつけてハッとした。

きちんとすべてが片づけられている父の机の上に、たった一冊おかれている本、その題名が『死の解決』とあったからだ。竦《すく》むとはこういうことだろうか。次の瞬間、私は思わず、扉をしめていた。

空家でひとり寝の怖さもあって、寝つかれないまま、私は幼いころから毎夏、父と過ごした高原の日々を想い浮かべた。

自転車で走った秋草の道、詩を暗誦しながら散歩した落葉松《からまつ》の林、そして霧の夜は、みんなを集めて、ジュリアス・シーザー（シェークスピア）になりすまして原文で演説してくれた、あのころは、平和だった。

この平和は父が宰相になって破れた。時の勢いは怒濤のように日本を戦火に巻き込んで行った。誰がその勢いに抗し得たろう。

七月に父に呼ばれて新潟からここに来た時、父は憲兵隊に監視される身だったという。あの時、先生から頼まれた「天行健《てんこうけん》」を書いて……と言うと、

「僕にはまだ天行健は書けない」

と言いながらも書いてくれたその横顔には、なんともいえぬ寂しい影があった。

それにしても、あの本が何故一冊だけ、あそこにあるのだろう。父は、ここを去る寸前まで、あの本を読んでいたのだろうか。

私は父の心の動きを懸命に追いかけた。

不安がだんだん濃くなってゆく。

翌日、いつどうやって軽井沢から東京へ来たのか、私の記憶はあの高原の霧のように茫漠としている。

ともかく荻外荘に着いたときは夕方近かった。荻外荘はもろもろの訪問客で、ゴッタ返していた。いつものことながら、父に逢えるなんていつのことやら判らない。そこで客と客の切れ目に、ドアの陰から顔を出すと、父の視線とバッタリ合った。その思いつめたような眼を見た瞬間、私は〝父は巣鴨（拘置所）に行かない！〟と直感した。行かなければどうなるか、それでも行かないと。

私はいつのまにか荻外荘の門を出ていた。誰とも話したくなく、ただ先生に会いたかった。下落合の道場へ行くと、先生も新潟から帰って来ていた。

「父は巣鴨へ行きません、だから死ぬと思います」。私は緊張のあまり震えていた。

「それはいけない、死んだらお終いだ。堂々と裁判に出て所信を述べるべきだ。石田三成は刑場に行く途中でも、いのちを大切にしたじゃないですか」

「でも父は違います。私には父の心がよく分かります」

そう言いながら、私は終戦前の五、六月ごろ、荻外荘に行くと、陛下の密使としてソ連へ行くという父が、「帰れないかも知れない。万一のときはこれを飲む」と極く小さな瓶を見せたことを思い出していた。あの時はソ連の事情で中止になったが、父はあれをまだ持っているに違いない。そのことを先生に話すと、

「あなたがとめなさい。あなた以外にとめられる人はいない」と言った。

「そんなこと……私には出来ません、父が決意したことをとめるなんて……出来ません」

言いながら涙が頰を伝わって落ちた。

それでも先生に会っていると、昨日からの不安と動揺がいつのまにか消え去って、心が透き通るように静かになっていった。


帰ると八時を過ぎていた。

荻外荘はもうあわただしさもなく、極く親しい身内のものだけになっていた。

父の寝室に行くと、父はいつものように、蒲団に横たわっていた。上下型の父は昔から何か重大なことを考えるとき、頭を休めるとき、いつも昼寝と称して寝る癖があった。

母と弟がいて、「新潟から、よく出て来られたね」と言った。

「昨日、軽井沢へ行ったのよ。一人で空家に泊って怖かったわ」

私は強いて明るくふるまおうとしていた。

その時、父の凝視するような視線を感じて、父の傍らに行き、いつものように寝ころんだ。父は昔から、よくこうやって、もろもろの話をしてくれた。李白も、白楽天も、漱石も、ヴォルテールも……。

「昭子、お前は長生きするだろうな――」

「そんな呑気に見える?」

湯上がりの父の肌のぬくもりと、白髪一つない黒髪が哀しかった。

切迫している何かを感じながら、それには触れまいとして、みんな何げない雑談を交していた。私は父といつまでもこうしていたかった。しかし父は言った。

「もう、お休み、明日は早いんだ」と。

「お休みなさい」

素直に立って隣の室の真暗な蒲団の中にもぐり込むと〝明日の朝はもういない〟と思った。

涙が、冷たく枕を濡らした。

翌朝、父は死んでいた。

枕もとに、いつか見た小びんが、空になっていた。その安らかな死に顔は、生前のままの気品さえ漂っていた。

生死事大
無常迅速

若いころ、京都紫野大徳寺にあった木板《もくばん》の、この偈《げ》が気に入って、所望して持ち帰ったという父、それが、そのまま、父の運命《さだめ》だったのだろうか。

たとえ、人が何と批判しようと、私は生涯の最後に、自らの死期を誤らなかった父の見事さに、ひそかな誇りと安らぎをさえ感じていた。

○

あれから三十年の月日が流れた。

その長い長い間、私は父の死をとめなかったことについて、〝あれでよかったのだ、先生の意見より私の方が正しかったのだ〟と、秘かに思っていた。

先生の意見に逆らうと、あとで、自分の考えの浅はかさを、ただ目先しか見ていなかったことを、或いは観察の間違いを、必ず思い知らされるのが常であった。

しかし、父の死についてだけは、何年経っても、私の考えは変わらなかった。ある日、そのことを先生に言うと、先生は黙って、何とも言わなかった。


ところが、先生が亡くなってからある日、潜在意識教育法のテープを聴く会で、私は先生の声に耳を澄ましながら、ハッと思い当たることがあった。

もしかしたら、先生は、父に「天行健」を書かせようとしたときから、すでに父の運命《さだめ》を予感していたのではなかろうか。

そしてあの夜、「あなたがとめなさい」と言ったのは、私の裡に、無意識の覚悟を誘い出そうとしたのではなかったか。

だからこそ、私の動揺していた心は、先生に逆らうことで、却って心がきまり、本来の静けさに戻ったのではなかろうか。

そのことに今まで何故気づかなかったのだろう。

先生は指導ということについて、

「相手に押しつけてはならない、相手自身が自発的に、自分の考えで行動するようしむけることだ」

と言ったが、しかしそれ故に、先生の言葉の深い真意を汲みとれぬまま、過ぎてしまうこともきっと多かったことに違いない。

時に気がついても、先生はただ、我が意を得たというように、ニヤッとするだけだったろうし、相手が気づかなくても、いつのまにか、先生の意図したように変わってくるのを、黙って見守っていたに違いない。

そこに先生の底知れぬ温かさを改めて感じながら、私は今、先生が何処かで、〝遅い遅い〟と笑っているような気がする。

# 幻の蝶

もう三十何年前のことになろうか。

妹（温子《よしこ》）が死んだのは八月十日の夜だった。三歳と二歳の子を残して、丁度二十三歳であった。

次の朝、下落合の先生の家の玄関の扉に、透き通るような薄緑色の翅の、美しい蝶がとまっていた。ひろげた翅の長さが十五、六センチもあったろうか。「何とキレイな……」「見たこともない蝶だ」と、居合せた人々が口々に言っていた。偶然、私も来合せて、その蝶を見た瞬間、何故か〝温《おん》ちゃんではないか〟と思った。

そのことについて語ろうと思う。

○

私と妹が、野口先生なる人物を知ったのはそれより四年ほど前であった。

当時、先生の道場は下落合にあって、大勢の病人が朝九時から夜の九時まで詰め掛けていた。朝六時ごろ来て門前に立ち、門の開くのを待って一番に入ったつもりでも、大抵は四、五番目になるという。塀を乗り越えて、先に入っている人がいるからだ。

まず私が驚いたのは、医者に見放されたという人たちが、明るい顔をしているということだった。

もっと驚いたのは、先生の衛生観、療病観が、今までの社会通念と全くアベコベであるということであった。しかも、それは、人間を部分の綜合としてだけ研究している学問とは全く異なって、何か東洋的な直観で、生きている人間そのものを把握することから出発しているように思えた。

体癖の相違からか、私は先生の小冊子を読みあさり、妹は実践的に理解しようとした。

子供が熱を出すと、進んで足湯したり、後頭部を温めたりしては、驚きをもってその効果を知らせてきた。そして「先生の言うことの方がほんとうよ」といとも明快に結論を下すのだった。やがて活元運動や愉気もできるようになると、自分の裡なる生を発揚し、裡なる生の自然を乱さないことが健康に生きる道だということも解ってきた。二人は会うとそんな話ばかりするようになった。

銀座で落ち合うこともあったが、そんなときの妹は黒のトーク帽をちょっと斜めにかぶって、赤いスカーフをちょっとのぞかせた黒いコートを見事に着こなしていた。私よりもお洒落で、明朗闊達で、誰からも〝温《おん》ちゃん〟と愛されていた。

そんな妹が、風邪をこじらせて寝ついたのは死ぬ三月《みつき》前であった。妹はどうしても野口先生の方法で……と歎願したが、周囲には理解するものなく、それは許されなかった。病状がだんだん悪化すると、三人の医者は粟粒性結核《ぞくりゅうせいけっかく》と診断した。これは当時、助からないものとされていた。

そのことで、ある日、父と私は対立した。荻外荘に行ったときである。漢詩を暗誦したり、文学を語るときは意気投合する父娘が、互いに譲らなかった。勿論、周囲の人々は、みな父と同じ意見であった。

「セファランチンという結核の新薬が出来たそうだ。台湾の藤の根からとったもので、モルモットの実験では成功したそうだ。M博士は、それを注射をすれば助かるかもしれないと言うんだがね、温子が承知しない、困ったもんだ」

「温ちゃんは、〝私はモルモットじゃない〟って拒んだんですって？　そんなに嫌がっているのに、何故《なぜ》、残酷だわ」

「しかし、助ける道がそれしかないなら、やって見るしかない」

「それでは〝心〟がぬきになっているわ。いやなものが効くかしら？　温ちゃんは先生の名前を呼びつづけて助けを求めているのよ」

「野口に任せろというのか。そんなことは不可能だ」

　私は、四面楚歌の妹を想うと胸が痛んだ。


　ところが、その翌日、父が電話で先生に面会を申し入れ、下落合の道場を訪れたことを、私は知らなかった。

　当時、首相で、いつも護衛つきなのに、その時は、一人で来たらしい。先生は丁度、講習をしていたが、終わるまで後ろの方でキチンと正座して聴いていた父の態度に、なぜか好感をもったという。

　二階での父の話は、勿論、妹のことについてであった。父は現代医学に於て、セファランチンが唯一の結核の特効薬であるという医者の意見を語り、「親として娘にしてやりたいが、娘が承知しないから、貴方からすすめて欲しい」と頼んだらしい。

しかし先生は「娘を薬の実験台になさるおつもりですか」と問い返し、「自分の良心に反することはできないが、貴方が親として、してやりたいことを、阻止することもできない」と答えたという。

妹の望みは遂に通らず、セファランチンの注射が打たれた。その反応が激しいものだったことを、人づてに聞いた。そして臨終間近い妹の、最後の歎願によって先生がよばれたとき、妹は苦しい息の下で、「先生の病院をつくって下さい」と言ったという。

お通夜の夜、私は祖母から、先生への非難が当時の華族社会に囁かれていることを聞かされた。私は能面のようになってゆく自分を意識した。

帰りに先生の家へ寄ると、先生は「シューマンのピアノ協奏曲を聴いてゆきませんか」と言った。

ひとり仄暗い闇の中で聴くこの曲には、表面の華やかさの奥に、果てしない孤独感と寂寥感があった。涙が止めどなく流れた。

○

先生が警察に喚び出されたのは、それから間もなくのことだった。医師法違反ということらしかった。私はすぐに妹の死の責任が先生にかぶせられたことを直感して、烈しい憤りを感じた。

父に面会を求めると父は首相官邸にいた。官邸の日本間で父に会うと、その悠揚さに、気負っていたものが抜けてしまった。

「ねえ、先生が何をしたっていうの？　誰だか卑怯だと思うわ。先生を頼っている人が大勢困っているのに、何とかならないかしら？」

父は知らなかったらしく、K秘書官を呼んで何やら話していた。

「大丈夫だろ」父のまなざしが、今までになく暖かかった。

「お前は幸せだよ、信ずることができるからね、僕は何も信じられない」

その時、私は、生まれて初めて、父の本当の心の奥を垣間見《かいまみ》たような気がした。しかもその父は今、青年宰相として人気の絶頂にあった。

先生はすぐに釈放された。一人の人間が、当てつけみたいなことで警察に検挙されたり、また簡単に釈放されたりする世の中の仕組みが、私には不可解であった。

夕方、官邸から五反田の家に帰ると、私の部屋の薄暗い壁に、あの薄緑色の美しい蝶がとまっていた。私は、ハッとして急に怖くなった、二階から飛ぶように駆け下りて、

「誰か来て頂戴!」と叫んだ。

「何でございますね。怖いなんて……お子さまじゃございますまいに……」

と老女がブツブツ言いながら、ついてきた。しかし、再び見たとき、その蝶はもういなかった。確かに此処《ここ》にいたのに……あれは幻だったのだろうか。


敗戦を機に、日本は大きく変わった。

父の死、兄のソ連抑留、そして私は新しい人生を踏み出していた。

ポンが生まれて三、四日したある朝のこと、間仕切りのカーテンに、またあの蝶がとまっていた。「まァ、きれいな、大きい蝶がいるわ」

と何も知らない先生の妹が、声をあげて言った。「一体、何処から入ってきたんでしょう。雨戸も硝子戸も締まっていた筈なのに……」

私はひそかに「温ちゃんがお祝いにきてくれたんだろう」と思った。

その蝶は一日中、じっとカーテンにとまっていたが、またいつのまにかいなくなっ

ていた。

月日が経てば、思い出も薄れる。

しかし、蝶はその後、下落合の道場に一度、狛江の家にも一度、きたことがある。蝶がくると、思い出がまた新たになった。

不思議なことに、その蝶は、いつ、どうやって飛んでくるのか、見たものがいない。いつも忽然《こつぜん》として、そこにいるのだ。そして、忽然と、いなくなる。

いつかその蝶を見たある人が、わざわざ調べてくれたことがあった。そして「それはオオミズアオという蝶だ」と教えてくれた。学名もあるくらいだから、確かにそういう蝶が実際にいるに相違ない。

それでもなお、私は〝あの蝶は、この世に実在しない美しくも哀しい幻の蝶なのだ〟と、ひそかに信じていた。そんな馬鹿な……と思いながらも、それは今でも変わらない。

○

最近、ふとセファランチンのことを思い出して、ある薬局のご主人に尋ねてみた。

するとと意外な言葉が返ってきた。

「ああ、セファランチンですか。あれは戦前は結核の特効薬でしたが、今は、禿《はげ》の薬になっていますよ」

# 教える

硝子戸ごしの日向に咲いているシクラメンの鉢に水をやっていると、ドアを開けて、亜紗が飛び込んで来た。

「バーバ、亜紗ね、ピアノ習うの」

眼が生き生き輝いている。

今、亜紗は、お友達の、はるかちゃんのピアノのお稽古を見せて戴くために、ママと永福町のお宅へ伺って、帰ってきたばかりなのだろう。ママがコートを脱ぎながら言う。

「亜紗は、その先生が気に入ったようで……」

「よかったわね」

と、私はもう小曲を弾く亜紗の姿を想い浮かべていた。

幼稚園に行くようになってから、亜紗は音楽室に来ては、ピアノを叩くようになった。ママが、私に教えてやってくれないかと言った時、私は、ピアノの先生は、亜紗の勘で、選ぶのがいいと言った。それに私は、亜紗にお習字を教えて失敗しているので、自信がなかった。

亜紗の勘のよさと独特な速度は、明らかに九種である。絵を画いても、字を書いても、勢いがある。初め、一から十まで、山、川、月、日と、易しい漢字を、自由に遊びながら書いているうちは、毎日、亜紗はほんとうに楽しそうだった。

ところが、上下型は、一の次は二、二の次は三と、順序をふんで教えたい。一からキチンとしないと気になってしようがない。そういう頭の構造をしているらしい。だから、つい筆の持ち方を直したり、「筆先をこう揃えて……」とか「ここでトンと押えて……」とか口を出してしまう。するとある日、亜紗は筆をポンと抛り出して行ってしまった。

それきり、習おうとは言わない。

私は反省した。亜紗にとって、筆の使い方など、どうでもよかったのだ。ただ筆を持って墨で書くことが面白く、漢字を覚えることが楽しかったのではなかったか。

私はその楽しさを奪うつもりではなかったのに、結果は奪っていたことになる。そのことが哀しかった。そして九種に教えることは難しい、と改めて思った。

改めてというのは、二十年前、小学生になったころのダンに、同じ思いをしたことがあるからである。

○

ダンは算数が出来ない。私が一生懸命に説明しても、一桁は分かるが、二桁ということが分からない。足し算は何とか分かるが、引き算になると分からない。

「ポンはすぐ分かるのに、ダンは馬鹿じゃないかしら」

と私は心配して先生に言った。

すると先生が、

「ダンは、あなたの説明じゃあ、分かりっこないよ。僕が教える」と言った。

事実、ダンは、いつのまにか算数が好きになって、学校でも出来るようになった。

私は不思議に思って先生に訊いた。

「ダンは実際にあるもので示されると、分かるんだよ。だから僕は買い物に行かせた。初め一円が十枚で十円、十円が十枚で百円と、一枚一枚、数えさせた。そして百円渡して、わざと煙草一箱、一人で買いに行かせた。おつりがいくら来るか。三箱だったたらいくら。七箱だったらいくら。興味と好奇心さえ出れば、あとは自分で走り出す」

こういう教え方は、私には全く想像もつかないことであった。それでも、きっと、先生はダンと同じ体癖だから、そういうことが、よく分かるに違いないと思った。

ところが、ロイの場合には、私が最もてこずっていただけに、唖然とするばかりであった。

ロイは、算数を全然やろうとしない。学校を休んで、偉人伝ばかり読んでいた。困ったことに、偉人伝に出てくるエジソンも、リンカーンも、牧野富太郎も、みんな学校に行っていない。

ある日、先生が「0《ゼロ》の発見」という本を買って来た。「この本をロイに読んできかせろ」と言うのである。古代人が数を表わすのに、0《ゼロ》を使うことを発見したために、千とか、万とかいう厖大な数でも、簡単に表わせるようになったといういきさつが、小学生向きに易しく書いてあった。

一緒に寝ころんで、その本を読んでやっていると、不思議に温和《おとな》しく聞いている。

そしてポツンと言った。

「やっぱり勉強しなきゃ、だめだね」

どういう発心をしたのか、ともかく、それがきっかけで、ロイは算数をやり出した。学校にも時々行くようになった。余程〝0の発見〞ということが気に入ったのだろう。

ロイは上下九種、やらなければならない理由をみつけるとエンジンがかかる。

ある日、私は先生に、何故、あの本を思いついたのかと、訊いてみた。

「ロイはこのごろ、〝朝顔の種子は袋の中で何を食べて生きているのか〞などと、僕に訊くんだ。その質問の内容が、みんな、ものの根本というか、成り立ちに興味をもっている。だから、あの本を思い出して、買って来たんだよ」

その時私は、一人一人違う子供たちの素質と、その成長の過程を、注意深く見詰めている先生の眼を感じた。

その眼には、学校に行かないとか、算数が出来ないとか、目先のことにカッカとしている母親にはない慈愛が溢れていた。

○

そのころ、子供たちは学期末に成績表をもって帰った。

私はあまり気にする方ではなかったが、それでも、それを子供がよく勉強したか、しないかの結果だと思って見ていた。父兄会に出ると、成績を子供の頭のよい悪いに結びつけているお母さまもいた。

しかし、先生の見方は全く違っていた。

「この成績表は、この子に対する教師の教え方の成績表でもある」と言うのだ。

またこうも言った。

「僕たち、整体をやっているものは、引き受けて一人でも元気にならない人がいたら、やはり技術の失敗なんだ。だから命がけで、一人一人を丁寧に観ている。

ところが学校の先生たちは楽だよ、自分の教え方で分からない子には、叱るか、悪い点をつけるかして平然としているんだからね」

私にはその意味がよく分かった。

それは、ダンやロイに教えた経験から、興味の引き出し方が、体癖によって違うことを知ったからである。

そして、教えるということにも体癖の研究がとり上げられるようになったら、子供たちは幸せだろうなと思った。少なくとも、分からないということで、劣等感をもったり、勉強嫌いになったり、萎縮したりすることが、ずっと少なくなるに違いない、と。

ところが先生は、子供たちには、また別な見方で、成績表を見ることを教えていた。

「お前は自分だったらどういう点をつけるか。この先生の点は甘いと思うか、辛いと思うか」

子供たちは言う。

「この点は甘いと思うな、この先生、僕を買いかぶっている」

「今度はよかったつもりなんだけどな、忘れものを三度したからかな」

などと言っている。

つまり先生は、成績表をまず子供たちにつけさせる。そして教師のつけた評価を通して、いろいろなものの見方があることを教えようとしたのだろう。

このことは、人生に於ても、自分自身に責任をもつこと、他人の意見を鵜呑みにしないで自分で考えること、そして余裕ある、弾力のあるものの見方が出来るような素地を培おうとしたのではなかったか。

私はふと、子供たちが学校へ行かないもっと幼いころのことを思い出した。

子供たちが何か悪いことをする。いたずらしたり、喧嘩したり、物を壊したり……。

そういう時、先生はその子を膝の上にうつ伏せに乗せて、

「さあ、お前は、パパにいくつぶたれる位、悪いことをしたと思うか」と訊くのだ。

「三つ」とか「一つ」とか答える。

するとハァーッと掌に息をかけて、その数だけ数えながらお尻を叩く。ゆっくりと。喧嘩した二人が、別々の数を言っても、その数だけやる。オタカなどは、「百」と言って、「そうか、よーし」と、パパがほんとうに百まで数えそうな気配を感じると、大げさに悲鳴をあげて、「二十、二十」と言い直すこともあった。

そういう父と子の情景が、今、微笑ましく私の眼に浮かんでくる。

○

子供は止まることなく育つ。生命だからだ。

本来、生命には外からつけ加える何ものもない。

ただ、その現われ方に方向がある。その生が溌溂と輝くか、萎縮するか。素直に育つか、歪んで育つか……。

それならば、親の為すべきことは一体、何なのだろう。

それぞれの素質が、明日に向かって、生き生きと輝くように、どういう理想をもち、どういうものの考え方をしてゆくか。それを親が、日常生活の中で、知らず知らずのうちに方向づけてゆくことではないだろうか。

先生が亡くなった翌年の二月十六日の活元指導の会で、ダンが講義をしていた。

「……………よく父が言っていたことですが、〝現代人は理想を失った〟と。理想にはいろいろな理想があるが、どんな理想を失ったかと言いますと、どういう死に方が理想かということを、現代人は全く忘れたということです。

私は、自分の中に、どういう死に方が理想かということを持っているんです。

〝生ききった者にだけ安らかな死がある〟という父のものの考え方を〝全生〟というふうに呼んでおりますが、私たちは、いつ死んでもいいように、自分が全力を発揮して、一瞬一瞬、生きてゆけばいいんです。

私は少なくとも自分の、こわれること、死ぬことに怯えながら、少しでも長生きしようなんてことを考える、そういう不健康な考え方は嫌いですから、いつ死んでもいいように、自分の出来ることを今、精一杯やろうと、心に決めている。とりわけ、父の死に方を見た時に、〝こういう死に方がいいな〟と思った。ですから、その瞬間に心が決まった。

そんなのはバカバカしいと思う人は、おやめになったらいいんです。でも私は、この方が、ものの考え方として、健康だと思うんです。健康とは、何の為のものかということを考えれば、健康というものは、そういうものでしかあり得ないんだと、私たちは知るべきだと思う。……………」

その語気には、いつになく厳しいものがあった。私は一番後ろの席で、ひっそりと聞きながら、先生が教えたかったことは伝わっていると思った。

そう思いながら、ふと涙ぐんでいた。

# 雷門Ⅰ

風鈴の音が快い真夏の午後であった。

水色と白の木綿のロングドレスを着て、亜紗がやってきた。亜紗は今日、おぢぢが休日であることを、昨日から知っているのだ。

「オヂイチャマ、雷門へ行キマショウ」

「あーら、いつもは、ヂーヂだの、ヂッチャンだのと言うのに、今日は急に、オヂイチャマになったのね」

と私が言うと、おぢぢはさも嬉しそうに微笑んだ。

ところが亜紗が口紅をつけているのに気がつくと、ふっと嫌な顔をした。

「亜紗、口紅つけてるね。おぢぢは、そういうの大嫌いだ。拭いてから行こう」

余程行きたいのだろう。亜紗は素直におしぼりで拭くと、悪戯そうに肩をすくめた。

「亜紗ネ、大キクナッタラ、ツケルネ。赤坂バーバハ、年ゴロダカラ、ツケテイルンダヨ」

流石のおぢぢも遂に笑い出してしまった。


雷門はもう何度目になろうか。

亜紗は雷門はおぢぢと、決めている。おぢぢは欲しいものを、何でもすぐに買ってくれるからだ。私はいつか仲見世を歩きながら、先生に訊いたことがある。

「そんなに欲しいものを、何でも買ってやっていいの？」と。すると先生が言った。

「自分の眼で選ぶことを教えるんだよ」

三度、四度と行くうちに、亜紗の欲しいものは、三つか、二つで満足して帰るようになっていた。

それでも私だけだと、そうはゆかない。高島屋などで、高価な履けない靴などを喧嘩しながら買わされてしまう。そういうときの亜紗は憎らしいほど強情で妥協しない。ところが、おぢぢと一緒に行く限り、亜紗はいともも自然で、心も感情も素直に流れている感じだ。しかも、生き生きしているのだから不思議である。

亜紗は雷門につくと、交叉点を歩いて渡り、お馴染みの〝雷サマ〟に挨拶をした。いつも「おんぶ」だの「抱っこ」だの言うので、今日は研究生の犬塚君に一緒に来て貰ったのだが、どういうわけか、実によく歩く。

そして、まず角の本屋に入った。

絵本を二冊買うと、同じものをアッピイにも買うというので、私がケチな根性を出して「それは今度、アッピイと来たときに、買おう」と言うと、素直にやめた。

仲見世を歩きながら、スカーフ、髪飾り、リボン、ハンドバッグ、傘など、黙って見ていると、なかなかセンスのよいものを、選りどる。色も、今日はどういうわけか、ピンク系に統一されている。幼いのに、ちゃんと、取り合わせということを考えているのだろうか。ところが玩具屋で、オママゴトの道具を買うと、更に、ジューサーも買うという。いつもと調子が違うのだ。

そこで「何か食べよう」と梅園へ入った。先生は梅園の〝粟ぜんざい〟が好きなのだ。

食券を買うとき、先生と犬塚君は粟ぜんざい、亜紗と私は亜紗が大好きなアイスクリームにした。ところが、喜ぶと思ったのに亜紗は全然、食べようともしない。先生が「亜紗はいつものオレンジ・ジュースが欲しかったんだよ」と言う。そこでまたオレンジ・ジュースを頼んだが、全然手をつけないで帰ると言い出した。私は折角注文したのに手をつけないのは悪いような気がして、二口、三口、飲んでから立ち上がった。上下型はいつも、こういう気の使い方をしてしまう。その帰り途で、また亜紗はマンドリンをねだった。

車の中で、御機嫌の亜紗は、マンドリンを抱えたまま、眠ってしまった。すると、先生がポツンと言った。

「今日は、あなたのおかげで、余計な買い物をしたよ」と。

私はその意味が判らなかった。

○

その夜、真夜中の一時すぎ——。

狛江では、ここの内弟子と道場の書斎当番を加えて、深夜の全員集合があった。この特訓は一人一人の構え、呼吸、気合、日常生活の気の配り方にまで及び、暁方の三時、四時になることなど珍しくない。

こういうときの先生はブランデーを飲みながらも、ある時は春風駘蕩、ある時は秋霜烈日、時に電光一閃、雷が落ちることもある。

今夜の先生は、雷門の話をして、まず犬塚君に質問の矢を向けた。

「今日は、亜紗はいつもより買物が多かった。その理由は二つある。いつといつ、亜紗の調子が変わったか。君、解るか」

「一度は梅園のときだと思いますが……」

「そうだ。もう一つある」

そう言って、私の方を見た。無気味な視線だ。

「あなたがアッピイに買ってやるというのをとめたろう？ その時だ。亜紗の言う通りアッピイに買ってやったら、余分なものを買わないで済んだのだ」

「じゃあ、あの時、私が要求を抑えたから？」

「いや、抑えたというより、要求を刺戟して挑発したんだよ」

〝しまった〟なんて、今ごろ気がついても、もう遅い。確かにあの時、アッピイに対する優しい思いやりを認めて、すぐ買ってやるべきだった。しかし、よく考えると、私が今日やったようなことは、大人が子供に始終やっていることではなかろうか。しかも、自分が子供の要求を挑発していることに気づかないで、子供の行為を叱ったり、抑えたりしているのではなかろうか。恐らく子供にとって、それが一番可哀そうなことかも知れない。

先生は、ブランデー・グラスを傾けて一口飲んだ。しかし鉾先はまだこちらに向いている。

「梅園でオレンジ・ジュースが来たとき、亜紗は飲まなかったろ？　そのままにしておけばいいのに、それをあなたは飲んじゃった」

「あら、だって注文したのに、飲まないなんて悪いでしょ、だから」

「それがいけないんだ。それで亜紗はまた何か買いたくなった」

ああ、何たること！

私の驚きは、先生がどんな瞬間でも、亜紗を中心に、亜紗の微妙な心の動きを観察しているということだった。

「亜紗の欲しいのは、物ではないんだよ。心なんだ。水が欲しいときに、パンを出されたら嫌だろ？」

「だからあとで、オレンジ・ジュースを注文したじゃないの」

「そのときは、もう遅いんだ。もう違うんだ。それをあなたが飲んだというのは、あなたは亜紗が飲まない意味が解っていないんだ」

「九種って、厳しいのね、おぢぢは九種だから、亜紗の心の動きが判るのよ」

「九種だからではないよ。子供は大人よりももっと、心と体が直結しているんだ。だから感情や心を抑えられれば体をこわす。それを防ぐために、今日は余分に買ったのだ」

私は先生が、私のやったことの後始末をしてくれていたことを、今、初めて知った。今日、先生が嫌だったことは、私が亜紗の気持ちも、先生の心遣いも気づかないでいるその鈍さだったに違いない。

私は、ふと先生が若いころ――、

「もしも、七つの大罪を挙げるとしたら、第一は無知ということだ」

と言ったことを思い出していた。

○

翌日、朝粥を食べながら、私はひとり言のように言った。

「亜紗がおぢぢと一緒だと、生き生きする意味が少しわかって来たわ。だけど亜紗ひとりさえマスター出来ないようでは、大人の指導なんて難しいわね。大人はもっと複雑なんだから……」

すると、先生の言葉は意外だった。

「一人を丁寧に観ていることだ。そして子供の眼がいつもいきいき輝いているように導くことだ。それさえ出来れば、大人は簡単さ。大人の中にある子供を見て話しかければ、それでいいのだ」

# 秋

「亜紗ちゃん、今日からいくつ？」
「三ツダヨ」
と嬉しそうに三本指を出したのは、去年の十二月六日の誕生日。満三歳になれば、二人の弟のよいお姉ちゃんになってゆくだろうというわれわれの期待は、見事に外れた。それどころか、亜紗ひとりに、家中が振り廻されるようになって来た。

小さいコーキーは可愛がるのに、アッピイのものは、ひったくる、ひっぱたく。いつも自分が中心で、思い通りにならなければ、泣きわめく。しかも、九種独特の勘で、大人の一人一人の困る急処を、ちゃんと心得ているのだから、かなわない。

私などは、亜紗と遊んでいるとき、時間が来て外出の支度を始めると、いつのまにかハンドバッグに財布がない、コンパクトがない、周章《あわ》てて探すと、トイレット・ペーパーでグルグル包んで、茶簞笥の上に置いてあったりする。時には車の中で気がついて、引き返したことさえあった。

ママがアッピイを可哀そうがって遊んでやっていると、いきなり服を脱いで素っ裸になり、赤い靴だけはいて、庭中かけ廻る。果てはそのまま、西友まで買物に行くといい出す。ママは俄然ムキになって、亜紗に集注してしまう。亜紗はママが服装に関心があることをちゃんと知っているのだ。

ある日、研究生の部屋に亜紗がやって来る足音がしたので、犬塚君は咄嗟に臥せて、狸寝入りをした。少し疲れていたので、そうしていれば、亜紗は諦めて立ち去ると思ったのだ。

ところが亜紗は、しばらく戸口に立っていたが、いきなり、ツカツカと入って来て、馬乗りになり、

「ワンチャン、オシッコ出チャウヨ！」

犬塚君は否応なしに飛び起きてしまったという。

こういう頭の回転の速さで、事ごと意地悪をするのだから、アッピイはたまらない。真夏というのに、全身に飛び火が出来て、母屋へ預かることになってしまった。とも

かく亜紗から離すことが先決問題だと、先生が言ったからである。

「一体、このままでいいのかしら、こんなことでは、どんな大人になるか分からない」と大人はつい、現状がいつまでも続くような錯覚に捉われて、先の先まで心配する。〃そろそろ幼稚園に入れたら？〃という案まで出た。

しかし、先生は言う。

「満三歳という年齢は、まだ自分のことしか分からない。相手のことなど考えられない時期なのだ」と。それならば亜紗の横暴ぶりも、成長の一時期の現象として、長い眼で見守ってやらねばなるまい。一体、この時期に一番大切なことはどういうことなのか。

ある幼稚園の先生と、三歳児を幼稚園に入れることの可否について話し合ったことがある。三歳児を試験的に預かってみたら、とてもよく言うことをきいて、躾しやすいとのことだった。

すると先生が言った。

「それだけに、猿まわしの猿のようになる可能性もありますね。自分で工夫し、自分で考えるという自発のものを失うと、眼の輝きがなくなってくる。

それに、満三歳というのは模倣の時期だから、何よりも先ず、子供に接する〝人〟の問題になりますね。むしろ大人の躾の時期ですよ」

先生のいうように、亜紗が大人のやることを何でも真似たがる動きが目立って来たのは紫陽花の花が咲く頃だったろうか。

買物に行けば、靴でも、靴下でも、洋服でも、十二、三歳用のものを欲しがるし、大人と同じ口紅、コンパクト、マニキュア・セットをねだり、小さい貝のような爪を真赤に塗ったり、拭きとったりしている。

私がこぼすと先生が言う。

「買ってやったらいいじゃないか、いずれ役に立つ。自分たちだって結構、無駄なものを買って、つけているじゃないか、止めさせたかったら、先ず大人自身が止めればいい」

そこへ亜紗が、風呂上がりの浴衣姿でやって来た。赤い帯を蝶結びにしている。

「バーバ、オ茶ノオケイコヲシマショウ」と行儀正しく、キチンと坐る。そうするのはオケイコのときだけと思っているらしい。

これも、やはり模倣なのか……。

○

夏が過ぎて秋が来た。

庭の真中にある欅の大樹が色づき始めたころ——亜紗の生活に急な変化が起こった。仲よしのお友達が出来たのである。

お隣のさえちゃん、満四歳になったばかりで、亜紗より三カ月お姉ちゃんである。

今までは塀ごしに挨拶するだけで、決して遊ぼうとしなかったのに、ある日、ママが、「このごろ亜紗は何でもひとりで出来るようになった。服も着られるし、靴も履けるし、トイレにも独りで行けるし……」と褒めたら、

「サエチャンノオウチニモ、ヒトリデユケルヨ」とさっさと出かけて行ったという。

初めて遊びに行ったその日、さえちゃんのお家で余程、楽しかったのだろう。朝起きるとすぐに、遊びに行ってしまうようになった。迎えに行っても帰りたがらない。明けても、暮れても、さえちゃん一辺倒である。

亜紗から解放されて、アッピイはめきめき元気が出て来たし、大人たちは拍子抜けしたように呟いた。

「やはり時期なんですね」

ところが、さえちゃんは遊びなれている。お友達が四、五人来ても仲よく遊ぶが、亜紗は一緒にとけ込めないらしく、大声で泣きながら帰ってくる。

「アタシノ、サエチャンガ遊ンデクレナイヨー、サエチャンノバカ！」

そこで亜紗は亜紗なりに、さえちゃんだけを、わが家へ連れてくることを考えだした。さえちゃんは少し面長で上下型のおっとりしたところがある。自転車、ローラースルー、鉄棒、砂遊び、学校ごっこ……気が合うというか、どちらがリードするということもなく、生き生き遊んでいる。たまに取りっこすると「サエ、オウチデオヒルネスル」と言う。すると亜紗はトーセンボしながら懸命に機嫌をとる。こうして、〝相手のことを考える〟とか〝思いやり〟ということが芽生え、育ってくるのだろう。

「もう、そろそろ亜紗に字や数字を教えてもいいころだ」

と先生がいったのは、さえちゃんと遊ぶようになる少し前であった。

「のぐちあさ」が書けるようになると、読むこと、書くことに興味をもって来た。

「しらゆきひめ」このごろは「おがさわらさえ」と、さえちゃんの名前を懸命に書こうとしている。数字も、1から20まで書けるようになった。

「アサネ、オデンワカケラレルヨ」

「サエモヨ」

「アカサカバーバハ、428ノ×××」

「サエノオウチハ480ノ46チャンチャン」

「あら、33でしょ？　チャン、チャンチャンじゃおかしいわ」と私が言うと、何がおかしいのか二人でころげて笑う。

ある日、ソファブランコに乗りながら、

「大きくなったらね、一番したいことなァに？」と私が訊くと、

「アライモノ！」

「アタシモ！」

○

庭の黄葉《もみじ》に、秋は深まりつつあった。

さえちゃんのお家が急に引越しすることにきまった。さえちゃんのお父さまは、会社を辞めて、埼玉で商売をされるという。

亜紗は折角見つかった初めてのお友達に、もう別れなければならないのだ。

「さえちゃん、行っちゃうと寂しくなるわ」

「サエネ、サイタマノヨウチエンニユクノ」

「イイデスヨーダ、亜紗ハコダマヨウチエンニ行クモン」

とは言っても、別れは二人とも嫌なのだろう。いよいよお引越しという前日、さえちゃんは風邪をひいて閉じこもってしまった。亜紗はお揃いに貰ったマイクロフォンをもって、ひとりでお別れに行った。


いよいよ、当日、亜紗は朝からおぢぢと道場へ行くと言ってきかない。

「さえちゃんを見送って上げればいいのに……」と私は言いながら、亜紗はそれが厭で道場へ行くのだと気がついた。

テレビの「フランダースの犬」を欠かさず見ている亜紗が、イギリスへ行くアロアをネロが見送る波止場の場面になると、目に涙をためて部屋を出て行ってしまったことを思い出したからだ。


午後になって、亜紗が珍しく眠ったまま道場から帰って来たとき、さえちゃんのお家は、もうひっそりと閉ざされていた。

# 雷門Ⅱ

十日の休日は劇団「欅」が上演するバーナード・ショウの「億万長者夫人」を観に行くことになっていた。道場に通ってすっかり元気になられた鳳さんの主演というので、楽しみでもあった。

ところが昼すぎ出かけようとすると、亜紗がやって来て、「アサチャンモユクー、雷門ニユキタイヨー」と言い出した。パパが、

「今日はぢーぢはお芝居だ。パパがお休みだから連れていってあげよう」

と誘ったが、

「ヂッチャンデナケレバ、イヤダヨー」

と遂に泣き出した。

雷門はこの前の休日に、おぢぢとおばばで亜紗を連れて行ったことがある。そのとき亜紗は車の中で寝てしまったが、浅草につくと、頭にビッショリの汗をかいて目が覚めた。風に当てれば冷えてしまうし、帽子はないし、仕方なく、着替えの白いパンツを頭に被せた。

いつもセンスのいい服を着せているママが見たら、ビックリ仰天するだろう。しかし、おぢぢも、亜紗も、平気で歩いて行く。

亜紗が足を止めたのは雷門のカミナリサマであった。夏のころ、姿の見えないピカピカゴロゴロを怖がっていたが、「ナンダ、コレナノカ」と近親感を覚えたのだろう。「いつか雷さまのお臍に、亜紗の痛い処をスッペンポン・ブーンしたね」とおぢぢが雷さまのお臍の傷を指さすと、亜紗は困ったような顔をした。

観音さままでの仲見世の通りは、両側にいろいろなお店がズラリと並び、亜紗の欲しそうなものが一杯ある。オリガミ、風船、お面、スカーフ、カバン、絵本……欲しいものを次々と買ってやりながら、おぢぢは「ここは安上がりでいい」と笑っていた。それが余程嬉しかったのだろう。それ以来、「雷門」と言えば「おぢぢ」と連想が結びついてしまったらしい。

おぢぢは「芝居よりは亜紗が大切だ。雷門にしよう」と言った。私は内心不平である。いつもと違って、今日はやはり芝居の方に行きたい。

ところが、車に乗ると、早野さんには「日経ホール」と言ったのだ。これは一体、どういうことなのか、亜紗を連れて芝居を観るつもりなのか。亜紗がじきに倦きて騒ぎ出したら、廊下に出てお守させられるのは私だ。おぢぢはすまして芝居を観ているに違いない。それなら、雷門でも、日経ホールでも、大した差はない、どちらに転ぼうと亜紗に当たるのは可哀そうだと思い直し、明るく話しかける。

「亜紗、雷門の雷さまが待ってるかな?」

ところが亜紗は不思議に温和しくなってしまって、黙って靴下を上げたり、下ろしたりしている。いつもと違う大人の雰囲気を、敏感に悟ったのだろうか。

それとも、おぢぢが余りにもアッサリと、無理な要求を通してくれたことで、ちょっとてれくさいのだろうか。

車が成城の坂を過ぎて、交叉点に止ったときである。

サーッと白い車が脇に並んで止まった。中に、パパとママとアッピイが、こちらを向いて笑っていた。

「どこへ行くの？」

それには答えず、信号が青になるや、サッと前へ出て、どんどん走り出した。アッピイが後ろを向いて手を振っている。追跡！　亜紗の眼がじっと前の車を見つめているのを感じながら、私は、

「これは、あの二人の作戦だな」と思った。

そのうち、前の車が急に左に寄り、徐行して止まった。こちらも同じように止まると、ママが降りて来た。

「亜紗、いつもの玩具屋さんと、犬屋さんに行かない？」

「ユクヨ、ユキタイヨ」即座に、弾んだ声であった。ドアが開いて抱かれると、亜紗はアッサリと手を振った。

「バイ、バイ」

これで、芝居に心置きなく行ける。もしも泣く亜紗を振り切って出て来たら、亜紗の心にしこりを残すだけでなく、われわれも何か後味のわるいまま、芝居を観ることになったろう。〝よかった、ほんとうによかった〟と思いながら、二人の心づかいが嬉しかった。

しかし、おぢぢは当然というような顔をしてすましていた。

帰ってから亜紗の様子を訊くと、あれから上機嫌で、雷門の「カ」の字も言わなかったという。

それならば、あのとき亜紗はほんとうに雷門に行きたかったのだろうか。是が非でも、雷門へ行きたかったのなら、パパに連れて行って貰えた筈である。それを、〝おぢぢでなければ〟と無理な条件をつけたのだ。そしてその要求が入れられたとなると、それが実現もしないうちに今度はパパ、ママの方へ行きたくなる。

一体、亜紗の要求は何だったのだろう。

先生は言う。

「要求というものは、かなえられたら満足するかというと、決してそうではない。一つかなえられれば、また次の要求が出てくる。だから、かなえても、かなえても、要求は生じる。要求のもとは生理的不平衡にある。そのもとが調整されない限り、不平不満はなくならない……」そして、また言う。

「今日のは、息抜きの技術だよ」

先生の体癖論によれば、生理的不平衡はエネルギーが余れば鬱散要求、欠乏すれば集注要求が起こって自律的に調整される。この集散のリズムがスムーズに行なわれてさえいれば、人間は自然であり、健康である。

従って整体指導ということは、息を抜くとか気をそらすとか、ふっと緊めるとか、そういう勢いを日常生活の中で、使いこなしてゆくことがほんとうの指導の技術なのかもしれない。

それなら、今日、車の中で亜紗が急に温和《おとな》しくなったのは、亜紗の注意の要求が満たされたからに相違ない。おぢぢがさっと要求を入れ、パパ、ママが自分を追いかけて来てくれたことで……。

そういう意味で、あのバトン・タッチは、見事であり、自然であり、しかも西部劇の中にいるような快感さえあった。

私の発言はよく唐突だと言われる。

その夜も、いきなり昼間の話をしだした。すると先生は、

「今日、亜紗が駄々をこねたとき、ポンが〝オシッコじゃないか〟と言ってさせたね。

咄嗟にそう頭が働くのは、彼奴《あいつ》、頭いいよ。整体を理解している」

「あーら、息を抜く技術って、オシッコだったの?」

先生がニヤリとした。

その瞬間、今度は私が息を抜かれたことに気がついた。


それから一週間ほどしたある日。

硝子ごしの秋空を眺めながら、日向ぼっこをしていると、亜紗が、絵本を持ってやって来た。

「あら、これ、いつか雷門で買ったのね。また行こうね」

そう言ってから〝しまった〞と思った。もし今、これから行くと言い出したら、どうしよう。

しかし、亜紗はいとも爽やかであった。

「ヂーヂガ、オ休ミノトキニネ、バーバモ、連レテッテアゲルネ」

# 雨上がり

五月二十五日、時計がもう一時を指している。

亜紗を幼稚園に迎えにゆく時間だ。いつもはママが行くのだが、今日は離れの増築が完成して、母屋から引越すので、みんな忙しいのだ。

「雨だけれど、私が行こうかしら」と言うと、埋田君が、

「奥様がですか」と意外そうに笑った。

「あら、どうしてよ、私が行くと誘拐女に間違えられる?」

「いいえ、それより幼稚園へ行く道をご存知ですか」

「それがね、分からないの、ともかく、あっちの方でしょ」

「この通りをずっと行って、新しい喫茶店で右へ曲がり、最初の信号を右へ曲がるとすぐです」

それなら、どんな方向オンチでも、迷うことはあるまい。

傘をさして颯爽と歩く。

いつも歩く同じ道が、亜紗を迎えにゆくというだけで、何となく浮き浮きするから不思議だ。

雨　雨　フレ　フレ　母サンガ
蛇の目デ　オ迎エ　嬉シイナ……

自然に歌を口ずさんでしまう。

前を、赤ちゃんを背負った若いお母さんが二人——、きっとあの人たちも迎えにゆくに違いないと、歩調をゆるめて従《つ》いて行くと、小学校の門の中へ入ってしまった。

新しい喫茶店が〝れんげ〟とあったのが何となく気に入って、右へ曲がる。ところが信号までの道がまたまた長いのだ。

亜紗はよくこんな遠い道を、毎日、往復しているなと思う。五月に入ってから毎日幼稚園に行くようになったが、きっと愉しいに相違ない。私は四月以来の、亜紗の変化を、順々に思い浮かべていた。

○

四月のはじめ、幼稚園の制服が出来て来たとき、亜紗はすぐ着て、見せに来た。白いブラウスに紺のスカート、紺のベレー帽をかぶって、赤いカバンを肩からかけた姿は、見違えるほど大人びて見えた。その成長ぶりを心から微笑ましく思うと共に、何となく、われわれの手からだんだん遠のいて行くような気がした。

そういう予感は見事に当たったのである。

亜紗は八日の入園式以来、ママがいなくては夜も日もあけないという異常状態になってしまったのである。

丁度、亜紗の大好きなパパは、アメリカから帰国したばかりであった。パパは二月末からロッキード事件の特派員として、ずっとロスアンゼルスに行っていたのである。そのパパでさえ、いざとなると駄目、寝るのも、着替えるのも、オシッコも、何もかもママでなければいけないのだ。

一体どうして急に、こんなことになってしまったのだろうか。

先生に訊くと、

「亜紗は、入園式の日に遅刻しただろう。それが嫌だったんだよ。それも自分が寝坊したり、駄々をこねたりして遅れた訳ではない。ママが迂闊にも、十時を十時半に間違えたからだ。そのことをママが亜紗に謝ればいいんだよ」

「私は謝ったんですけれど……」

とママが困った顔をした。

「謝るにも謝り方がわるければ、九種はだめだよ」

ママに訊くと、幼稚園についたときは、もう式が始まっていて、園児は前列に、父兄は後列に並んでいた。ママはそーっと、亜紗を、すみれ組の園児の中に入れて、後ろの席にいたという。

〝もう、すんだこと、気にしない、気にしない〟で、私なら忘れてしまうだろうが、九種の厳しさはそうはいかない。何ごとにも命がけで取り組む九種は、他人にも完璧を要求する。だからうろ覚えとか、いい加減とかいうことが許せないのだ。

私は三十年間、その九種のオールマイティにバッチリとっちめられて来ているから、チビッコと雖《いえど》も亜紗の気持ちが解らなくもない。

そこに体癖の面白さがある。

果たして亜紗は翌日も、翌々日も休んだ。

「やはり、わが家の伝統かな、亜紗も駄目かもしれないわね」と私が言うと、

「駄目だったら、二十万円がフイになるよ」

と即座に言ったのはパパ、やはりこういうときに五種という潜在体癖がのぞく。

そして次の日、パパとママは夫婦相和して早起きし、ともかく亜紗を車にのせ、車の中で着替えさせて幼稚園へ連れて行った。

そして泣いて離れまいとする亜紗を受持ちの先生にあずけて来たものの、しばらく二人で外から教室を覗いたり、ウロウロしていたという。その日、亜紗はオシッコをもらして、幼稚園のパンツを借りて帰ってきた。

それきり、亜紗は頑として行かなかった。

「アタシ、モウ幼稚園ニユカナイノヨ」

「どうして行かないの？」

「ダッテ、男ノ子ガイルンデスモノ」

あるお母さんは「泣いても構わず、ともかくバスに押しこんでしまうんですよ。四日も続けたら諦めて、今では、喜んで行くようになりましたよ」とママに言った。

ところが、そのお嬢さんを見ると、今まで丸顔でふっくらした人相が、人間不信というか、時々険しい目つきをするので、びっくりしたという。「やはり自発的に行くようにしなければ本当ではない」と。

そこで近所に住む同じ〝すみれ組〟のマリちゃんや、シマちゃんを家へ招んで、一緒に遊ぶようにした。お友達から幼稚園の話をきくと、また行きたいという意欲が誘い出されるかもしれない。

折よく、受持ちの先生の家庭訪問もあり、亜紗はまた行くかのように思えたが、やはり行かなかった。

「亜紗はもう幼稚園はだめかしらね」

すると先生の答はいとも簡単であった。

「無理に行かせようとしなければ、行くようになるさ」

ともかく四月一ぱいで、亜紗が幼稚園に行ったのは、遠足のとき、お誕生会のとき、父兄同伴が公然と許されるときだけであった。

五月に入ってから、朝、ママが起こすと「嫌だ、嫌だ」と言いながらも、ともかく制服に着替えるという。もしも、ほんとうに嫌なら、亜紗のことだからポンポン脱ぎ捨てる筈だ。

　先生に訊くと、

「あの泣き方では、ほんとうに嫌なのではない。悲しいのでもない、行きたいが照れくさいから、それで泣くのだ。だから泣いても構わずにどんどん着替えさせて連れてゆけばよい。そして自発的に行くようになると、ママにへばりつくこともなくなるよ」

　この先生の言葉に勢いづいて、ママは、毎日、泣いても亜紗を幼稚園に連れて行くようになった。

　私は今まで、送り迎えはしなかったが、帰って来た亜紗の眼を、注意して見ていた。帰って来て幼稚園のできごとを話す眼が潑剌と輝いている限り、心配ないと思った。

行き出して間もなく、風疹がうつったらしく、熱を出したことがあった。

「お友達にうつすといけないから、治るまでお休みしなさいよ」と言うと、

「アシタ、幼稚園ニ行ッテモイイデショ」

　と言う。積極的に休ませることで、意欲が圧縮されて、反って行きたくなることもあるらしい。

ただ不可解なのは、家からすぐ傍のバス停に、幼稚園の送迎バスが来るのだから、それに乗ってくれればママはとても助かるのに、絶対に乗らないのだ。一度乗っただけで、バスに乗るなら行かないと言う。

「どうしてバスがいやなの?」

「ダッテ、バスハスグ着イテシマウンデスモノ……」

○

幼稚園に着くと、父兄はまだ誰も来ていなかった。私は外から背のびして、教室を覗こうとしたが、亜紗の〝すみれ組〟が、どこにあるかも知らなかった。

広くて明るい運動場の芝生に立っていると、三々五々、父兄の人たちが集まって来た。

小肥りの奥さんが傍へ近づいて来て、

「何組ですか」と訊いた。

「すみれ組なんですけれど、どの教室でしょう」と訊くと、不思議そうな顔をした。

「実は初めて孫を迎えに来たんです」

「ずい分、お若いんですね」

私は大いに気をよくして、教えられた教室の前に並んだ。

一人一人の父兄に合わせて園児が呼ばれ、戸口で一人ずつ先生に挨拶して出てくる。私は列の後の方にいた。そして教室の中の亜紗を探した。もしも〝ママでなくてはいや〟などと泣かれでもしたらどうしようと不安だった。

硝子越しに亜紗が見えた。亜紗も私を見つけたのだろう、黒い瞳がニコニコ笑って、手を振っている。私も、思わず手を振った。

怪げんな顔の先生に、

「野口亜紗でございます」と挨拶した。

「ノグチアサちゃん！」と先生が大きな声で呼んだ。

雨はもう止んでいた。手をつないで歩き出すと、亜紗がいきなり言った。

「アサネ、オベントウ、ミーンナ食ベチャッタヨ、空《カラ》ニナルマデ」

「そう、おいしかった？」

「バーバ、コッチカラ帰ルンダヨ」

と亜紗が違った近道を教えてくれる。自転車しか通らないような細い道を、曲がり曲がって行く。車の危険はないけれど、水溜りが方々にある。亜紗は運動靴なのだ。

「アノネ、バーバ、長靴買ッテ頂戴」

「いいわ、何色がいい？」

「アサハ、ピンク」

「あとで西友に行こうね」

　曲がり角の垣根に、雨にぬれた真紅のバラが美しい。

「バラノオ花ニハ、トゲガアルンダヨ」

「そう、触ると痛いでしょ」

「バーバ、コレモ、バラ？」

「これは、蕾よ。葉っぱもトゲも、同じでしょ、ほら」

　一緒に歩きながら、自然を観察したり、お話ししたりする愉しさ、しかもママを独占できる、これこそ亜紗が自分でみつけた貴重な時間なのかもしれない。これはバスや車に乗っていたのでは味わえないことなのだ。

　私は「バスハスグ着イテシマウンデスモノ……」と言った亜紗の心が、今、初めて判ったような気がした。

# 言葉

　玉川高島屋で、亜紗が欲しいと言ったのは緑色の靴であった。

「これは大き過ぎるから駄目よ」と言ってもきかない。売場の人に訊くと、これで小さいのは無いと言う。

「じゃあ、歩けるかどうか履いて見たら？」と私も少し頭にきて、履かせると、ブカブカで歩けない。「ソレデモコレガイイヨ！」と遂に泣き声になってきた。

「ショッピングセンターの方の靴屋さんを見て、なかったら、これを買おう」ということにして、わざと玩具店さんの前を通る。

　すると、急に色鉛筆や、画用紙や、鉛筆削りが欲しくなった様子――しめたと思ってみんな買ってやると、早々に引き上げたが、亜紗は特に、電話型の鉛筆削りが気に入って、上機嫌だった。

先生が帰って来たとき、その苦心談を語ると、先生が言う。

「亜紗は九種だからね。九種は大きいとか、小さいとか言ったって納得しないよ。それは合わないとか、似合わないとか言うと通じるんだよ」

そのとき、私は、いつかWさんが「うちのリナは買い物するとき、必ず、似合う？似合わない？　って訊くんですよ」と言ったことを思い出した。そう言えば、リナちゃんも、九種だ。

その夜、私は上下型には上下型に通じる言葉がある。九種には、九種の使う言葉があるということを、改めて考えさせられた。

考えて理由がないと動けない上下型（一、二種）にとって、本能的な勘で動く閉型九種というのは、全く不可解な体癖である。

九種は相手の気を感じて、ズバリと虚をつく。電光石火で、しかも的を射ているから、こっちは二の句がつげない。

だから、考えてばかりいる上下型が、遅くて間抜けに思えるのも、当然かもしれない。

「私のこと、いつも間抜けとおっしゃるけれど、どういうことが間抜けなのよ」

「そういうことを訊くことだ」

「……」

またある日、〝雪の中の紅椿〟を、墨絵で描いていると、一枚、素晴らしく気に入ったのが出来た。内心得意で先生に見せると、

「パンダか？」

万事、この調子である。


同じ話の受けとり方でも、私などは人の言った言葉を、すぐ本当と受けとってしまうのに、九種は決してそのまま受けとらない。〝何故、この人はこういうことを言うのか〟その心までサッと感じとってしまうのだ。

また相手の話を聞きながら、すぐ自分の空想が働いてしまう体癖もあるし、自分に近い誰かと対立してしまう体癖の人もあるし、自分に利害があるところだけクローズアップして聞いてしまう体癖もある。

だから、自分の話が、自分の思っているように伝わっていないどころか、とんでもないことになっていて、それに腹を立てるようなことがあっても、やむを得ないのかもしれない。

二人以上の人間が集団生活をする限り、こういう行き違いや、いざこざが絶えないのも、そういう体癖的感受性の違いがあるからだと観ている先生は、「それ故に、世の中は色とりどりで面白い」と言う。


「〝ショパンは私に抱かれて死んだ〟という女が、二十九人もいたんだって……」

「ほんと?」

「女の見栄って、凄まじいんだなー」

「じゃあ、二十八人は嘘をついていたということかな」

すると、先生が言う。

「いや、二十九人とも嘘さ、若《も》しも、ほんとうにショパンが抱かれて死んだ女がいたとしたら、その女は、人に吹聴したりしないさ」


こうなると、言葉とは一体何だろう。

ここに、先生の書きかけの原稿がある。ちょっと、読んで見よう。

「言葉とは空気の振動を制限する術を使うことを得て発し、また伝え得るもの也。しかもその相手は、空気の振動の制限を、声とし言葉として聞き分け得る耳をもった生き物に限られる也」

　それならば単なる空気の振動にすぎない言葉を使って、何故コミュニケーションが行なわれるのだろう。


　一月三十日に、わが家に三人目の孫が生まれた。(名前は弘宣、亜紗がつけた名はレモちゃん)

　その夜から、亜紗とアッピイを母屋に預ったが、夜になると〝ママ、ママ〟で、何としてもなついてくれない。

　ところが、ある晩、亜紗が寝ながら飲む蜂蜜レモンの瓶を放したとき、「お手々冷たいでしょ」と、その手を両手ではさんで愉気すると、何か亜紗と自分が、ふわーっとした一つの気に包まれたような感じがして、小さい冷たい手の感触がいとおしかった。

　不思議なことに、その夜以来、亜紗は急に「バーバ、バーバ」と私を追うようになった。そして、夜寝るときは必ず「オテテ、アッタメテネ」と言う。余程嬉しかったのだろう。そのことを先生に話すと、

「亜紗が嬉しかったのは、その言葉ではない。そういう気づかいなんだよ」

「心なき言葉は、要するに空気の振動也。心動けば、空気動かずとも、言葉として心は伝わる也、汝を愛すという言葉を発せずとも心は伝わる也。

その心、伝わらざる相手は鈍き也。鈍きを相手にすべからず、同じに心動く相手こそ愛す可き也。拈華微笑《ねんげみしょう》という古人の言葉は、空気の振動を経ずとも、直接心から心に伝わるもののあることをいう也。不思議なことなれどこの方に真実ある也」


道場で毎月十六日に開かれる活元会で、相互運動の誘導を若いお弟子さんたちが代行することがある。

相手の頭部第二とこめかみを押えさせて、一、二、三、四と、二十まで数えてゆく形式は全く同じなのに、何故、こうも先生と異なるのだろう。

先生の一、二、三と数えてゆく言葉には愉気がある、緩急がある。静けさがある。それが無心の境地に誘い込むような雰囲気をつくっているのだ。

それがただ機械的に号令をかけているように感じられるのは、やはり〝心〟というものが忘れられていて、言葉が単なる空気の振動になっているからかも知れない。

禅門の人々が、敢えて〝不立文字《ふりゅうもんじ》〟を掲げるのは〝ほんとうに伝えたいことは、言葉で教えられないものなのだ〟ということではないだろうか。

それは、先生でも同じであろう。いや、あらゆる〝道〟の奥義というものは、そういうものなのかも知れない。

このことは、「如何なるか是れ提婆宗《だいばしゅう》」という問いに「九十六種」と答えた雲門の感覚と速さに共感して、先生がつけた註釈を見れば解るだろう。

「何を何と言おうと、言葉は言葉さ」

# こころ

亜紗が、庭のペンペン草をコップにさして先生の霊前にお供えしている。そして手を合わせて、長い間、拝んでいる。

「亜紗、ぢっちゃんに、何てお話ししてたの?」と訊くと、

「恥かしいから、言わない」と教えてくれない。

「じゃあ、内緒話で教えて……」

と小さい声で囁くように言うと、すぐ私の耳許へ顔をよせて、

「ぢっちゃん、亜紗の小さいとき、たくさん愉気してくれて有難うって、言ったんだよ」

黒い、いきいきした瞳が、笑いながら、逃げて行く。

亜紗は、今、満四歳と八カ月。

先生の明言した通り、亜紗は四歳になると急に変わって来た。幼稚園にも行くようになるし、五月の末に、亜紗のおうちが増築されて三畳の自分の部屋が出来ると、壁紙とカーテンをピンクと白に自分で選び、ひとりでベッドに寝るようになった。オシッコも自分で起きてするし、着替えでも、ママが一番上のボタンをかけてやるだけで、あとは自分でするという。

また、やたらに人の注意を引こうとする騒がしさがなくなり、言い聞かせると、待つということも、聞き分けることも出来るようになった。見事に独立して来たのである。

「独立すれば、相手に対する思いやりも出てくる」と先生は言ったが、三歳当時では考えも及ばない変わり方である。しかし、あの横暴で分からずやの時期に、亜紗の唯一の味方であった先生の暖かい眼ざしがなかったら、やはりこうはいかないのかも知れない。

今、先生の愉気の心を受けて育っている子供たちが、一体、全国に何十万人いるのだろう。その子供たちが、自らを萎縮させるような既成観念に縛られることなく成長したとき、きっと、先生の理念や技術を、我々よりもっと素直に、もっと容易に、もっと深く理解するに違いない。私は写真の先生に語りかけながら、漠然と未来を考える。


すると、ドアーがスーッと開いた。

亜紗が便箋と封筒を持って入って来たのだ。

「ぢっちゃんにお手紙かくから、ばーばも一緒に書いて頂戴」

「何て書くの」

私は俄然、ソファから乗り出して、傍らのペンを取った。

亜紗は、机の前にキチンと坐って、自分で言いながら、覚えたばかりのひらがなで書く。それを私にも、一緒に書いて貰いたいのだ。

「ぢっちゃま（〝ん〟ぢゃないよ、〝ま〟だよ）
おげんきですか。あさもげんきです。
あっぴい　は、ぢっちゃまが、てんごくにいってから　かぜをひいた。ロイぢぃが、ゆきをしました。
あさは、ひとりで、ねています。おしっこも、ひとりでします。

あっぴぃ　は、もうなおりました。
あさのおにわは、はながさいていません。
ぢっちゃんのところは　いいな、おはなが、たくさんあって、かれないで　いーいな（いーって長く引っぱるんだよ、ばーば）
てんごくのかえりみちを　おぼえていてちょうだい。
9月10日に　はこをあけて　かえってきてね。
あさ」

亜紗は先生の〝我は去る也〟という遺稿を知っていない。それなのに、帰ってくると信じているのだ。封筒には〝てんごく〟とあり、裏には〝野口亜紗〟とやっと読める、亜紗が覚えた唯一の漢字であった。

先生が帰って来ると信じているのは、亜紗だけではない、アッピイもアリも、そう思っている。

私がそのことを知ったのは、七月の初めのことであった。私がぼんやり緑陰の蝉の声を聞いていると、亜紗とアッピイとアリが、三人でやって来て、音楽室に入って行った。

死にごっこしましょ
ぢっちゃんと一緒に
死にごっこしましょ

と歌いながら……私はびっくりして、一体、何ごとが始まるのかと、間仕切りの黒いレースのカーテンから、こっそり覗いた。

すると、花に囲まれた先生の霊前で、三人とも、パタンと仰向けになり、静かに目を閉じ、手を胸の上に載せているのである。

しばらくすると、亜紗が、

「起きましょ、起きましょ、

みんな、起きましょう！」

と号令をかけると、三人はむっくり起きて、まるで白雪姫の七人の小人のように、踊りながら出て行った。

私は、その時、先生の写真の笑顔が、いつもより、ずっと可笑しげに笑ったような気がした。そして私もまた、それに応えるように、思わず笑っていた。あの時以来、初めて笑ったのかもしれない。

するど、今まで、虚ろに硬張っていた私の体がふっと弛んで、同時に、ほのぼのとした何かが、体の裡に徐々に拡がってくるのを覚えた。

「人間というのは、意識にいくら納得させても、体は変わらない。一方向に凝り固まった心の角度をちょっと変えると、心も体もすっと変わってくる」

というのが、先生独特の潜在意識教育法であり、またそこに技術があった。

思い返すと、私はいつでも、思い詰めていることをサッと外されるか、心の隙にひょっと何かを、さりげなく投げ入れられることで、何時の間にか、自分自身が変わっていたような気がする。

私は今、それを、孫たちが私に行なってくれたような気がしていた。その無心の故に……。

私の驚きは、先ず〝死にごっこ〟という言葉であった。子供たちは〝死〟ということを、何の抵抗もなく、鬼ごっこや人形ごっこと同じように、遊びの中に取り入れている。しかも、〝ぢっちゃんと一緒に〟ということは〝ぢっちゃんもまた、死にごっこしているんだ〃ということである。

この発想は、私にとって、まさに奇想天外であった。それ程、大人は〃死〃ということに、あるこだわりを持っているのかもしれない。にも拘《かか》わらず、私は子供たちのそれに、心のどこかで、微笑ましく共感していた。

先生は、いつか講義のときに、

「体が古くなったら、脱ぎ捨てて、新しく生まれ変わったらいいのです」

と、いともあっさり、言ったことがある。

このことは〃俺は生き通し生きている〃(『碧巌ところどころ』)であり、〃又帰る也〃(遺稿)にも通じるのではなかろうか。それ故に、先生は、自らの死期を、自ら知ってからの幾月かを、ただ無心に、いつもと変わりなく、操法し、講義し、音楽を聴き、ブランデーを愉しんでいたのかも知れない。

今、私の瞼には、その日々の先生の無心な姿しか浮かんで来ない。そしてどの一齣一齣を思い浮かべても、何故か涙が出て来てしまう。

それは、先生の保ちつづけた無心が、幼な子たちの生来の無心でなく、趙州の〃庭《てい》前《ぜん》の柏樹子《はくじゅし》〃の如き鍛練によって洗練されぬいた、余りにも澄んだ無心だったからだろうか。

# 喧嘩

秋晴れの庭で、亜紗と二人の弟と、二、三のお友達の、明るい声が弾んでいた。

私は洋間の大きな硝子戸ごしに、幼い孫たちの遊ぶ光景を、こっそり見ているのが好きだ。だから、本を読みながらでも、時々眼がいってしまう。

突然、アッピイの悲鳴――ハッとして見ると、亜紗がウルトラマンもどきに、アッピイの胸を、運動靴の足でキックした瞬間だった。

アッピイは痛そうに胸を押えて屈んでいる。すると、コーキーが可哀そうな兄貴に味方するつもりなのだろう、コカ・コーラの空瓶を走って取りに行き、アッピイに渡した。

アッピイは、そのコーラの瓶を取り上げて、亜紗に立ち向かって行った。

その時である。

配達か何かで、丁度来合わせたおぢさんがその光景を見かねたのだろう、

「坊や！　暴力はいけない、危いよ」

と、その語気が強かった。

アッピイは自分だけが、大人から叱られたことが納得いかないし、口惜しかったのだろう、前より一そう激しく瓶を振り上げて、泣きながら亜紗を追う。

逃げ廻る亜紗。

ママに注進に走る亜紗の友達。

騒然たる中で、離れの扉が開いて、ママが出て来た。

また、アッピイが怒られる。瞬間、私は〝これはまずい〟と感じた。子供の内攻した不平は、夜中に、急に熱を出したりすることがある。そういう現実を私は過去に何度か経験しているからだ。

そこで、急いで窓を開けて、大声で言った。

「ママちゃん、亜紗がアッピイの鳩尾《みぞおち》を、靴で蹴ったのよ、急処だから、すぐ愉気してやって頂戴」と。

ママは急処と言われて、大変と思ったのだろう、喧嘩の詮索も何もしないで、

「アッピイ！　バーバのところへ行って、愉気して戴こう」と言った。

全く意外だった。アッピイがこんなにも素直に、ママに連れられて私のところに来るとは……。

きっとアッピイは〃自分を理解してくれたのはバーバだ〃と思ったのだろう。私が「愉気しようね」と言うと、頷いて、いとも素直に私の膝に腰かけた。私は、アッピイがこんなに私にうちとけて来たことはかつてなかったように思えていとおしかった。うちとけるというのは、こんな小さなことがきっかけになるのだろうか。

私の手が、いつのまにか、アッピイの鳩尾のすぐ下の、左肋骨よりの処に愉気していた。そこは「頭の過度緊張、或いは激しい感情の亢ぶりのときに、強からず、弱からず、じーっと手を当てて愉気しておくと、その影響があとに残らない」と先生が亡くなる少し前に教えてくれた処だった。

私がアッピイに「もういいよ」と言うと、

「バーバ、ありがとう」と言って、元気に駆け出して行った。

○

私は長椅子に寝そべりながら、〝我ながら今日の喧嘩の処置は大へんよかった〟と満足感に浸っていた。

そして、あのおぢさんは、瓶を振り上げたアッピイの行為だけを見て叱ったが、それこそアッピイの心を傷つける行為だと、心のどこかで批判していた。

そのうちに、私はふっと、亜紗のことを思った。それまで、私は、亜紗のことを、すっかり忘れてしまっていたことに気づいた。

亜紗がアッピイをキックした瞬間を見てしまった私は、亜紗を悪いとし、アッピイを庇う方に懸命になってしまったが、それ以前の、亜紗がそうせざるを得なかったいきさつについて、理解してやることは考えてもみなかったのだ。

あの時、亜紗には亜紗の、言い分があったのではなかったか。それなら、私も、あのおぢさんと、同じことではないか。

私はさっきの自信がだんだん怪しくなってくるのを感じた。

二人の大人は、それぞれ、自分の見た場面だけで判断して喧嘩に立ち入っている。しかも、たった一、二分の時間のズレで、片方は亜紗が、片方はアッピイが、悪いと決めてしまっているものがある。共に偏見であることに変わりはない。

大人はよく、子供の喧嘩に立ち入ってしまうが、そういう偏見をもって対処する限り、どちらかの子供の心を傷つけていることがあるのではなかろうか。

先生はいつか、「自分が〝叱り方、褒め方〟の技術を説くのは、子供の天心を傷つけないためだ。もしも、大人が天心に動けるなら、そんな技術は要らない」と言った。

恐らく先生は、大人が天心で動けないことを知りぬいていたのだろう。

偏見、先入主、面子《めんつ》、好き嫌い……。

私は何だかやりきれない気持ちになって、本棚の中から、先生の『叱言以前』を取り出した。パラパラとめくっているうちに、ふと目にとまった個処があった。

繰り返し読んでいると、私が求めている何かの答が出ているような気がした。

「〝罪なき者のみ、この女を石にて打て〟とキリストは言ったが、子供を裁いたり、賞罰を与えたりすることは、大人には出来ない筈だ。ただ、親の関心のある処を教えるだけの行為が、その叱る褒めるになるのだということを、しっかり知っておかねばならない」

# 要求

箱根仙郷楼の陶芸教室は、窓近く迫る裏山に、もう秋草が咲き乱れていた。

大きな花瓶にとり組んで、紐つくりに余念ない私に、東京から電話がかかって来た。

「おかあ様、亜紗が一息二脈になってしまって、容態がおかしいので、すぐに帰って来ていただけませんか」

「え？　頭でも打ったの」

「それが、今朝は風邪みたいで学校を休んだんですけれど、パパと二人きりでいたら、午後二時ごろから急におかしくなったというんですけれど……」

私は咄嗟に思い当たることがあったのでこう言った。

「パパにね、亜紗に謝まることがあったら、謝まりなさいと伝えて頂戴、ともかく、すぐに帰ります」

東名を走りながら、私は考える。今日は秋晴れの富士の姿も目に入らない。いつもの風邪なら、熱が出て、汗が出て、平熱以下になったときだけ休養させれば、体は前よりすっきり新しくなる。

それが、今度のような異常な経過を辿るのは、頭を打撲した場合、汗を冷やして内攻させた場合、そして一番厄介なのは人間関係に於ける心の打撲である。

私が電話のとき、ふっと思い浮かべたのは、十日程前、長いこと泣きじゃくっていた亜紗の姿であった。あれは、お隣の「小犬アゲマス」という広告を見た亜紗が「小犬を飼いたい」と言ったら、「小犬が可哀そうだから駄目」とパパにきつく言われたときだった。

それだけならまだしも、四日程前、今度は亜紗が「バレエを習いたい」と言ったときも、また駄目だと言ったのだ。その理由は、バレエを習いたいという動機が、「五十回通うと、ガラス玉のネックレスが貰えるから」と言ったことが気に入らなかったらしい。二度も続けて要求を抑えられた亜紗に、何か起こりそうな気がして、私はその時、パパに言ったのだ。

「大体、あなたは頭ごなしにものを言いすぎるのよ。ぢっちゃんは一旦肯定して、いつのまにか転換させることがうまかったわ。あなたも〝駄目といったら駄目!〟なんて抑えつけてしまわないで、もう少し頭を使ったらどうなの、頭を」

するとパパが言った。

「そういうバーバだって、オレに頭ごなしじゃないか」

そういえば、そうだ、それで私は黙ってしまったけれど……。

○

亜紗の一分間の呼吸は七〇、脈搏は一四〇、ほんとに一息二脈だった。「どんな状態になっても一息四脈なら心配ない」と先生は言ったが、亜紗は誰が見ても、異様な状態であった。

パパとママは心配で落ち着かない様子であったが、先生のいう〝病膏肓に入る〟の膏肓の処（鳩尾剣状突起のすぐ上）の部分にしっとり湿気があるし、「オシッコ」とか言ってひとりでサッサとトイレに行って帰ってくる足どりの確かさ、「リンゴ」とか「ジュース」とか言って食べる様子を見ていると、ロイの言ったように、「ただ、汗の出が閊《つか》えているだけだ」としか考えられなかった。

その汗が愉気してもなかなか出難く、翌朝の九時近くなって漸く、愉気する手が汗ばみ出したのをきっかけに、亜紗の髪の毛が海水浴でもしたかのように濡れてきた。つづいて首から背中、胸と、パジャマを着替えさせる程汗が出た。それでいつもならさっぱりする筈なのに、亜紗はそれからぐったりして危篤のときのような呼吸をし出したので、パパやママや赤坂バーバはその時が一番不安になったという。

しかしその時はもう、亜紗の裡には深い静かな息が通り出していたのだ。これは愉気している者には感じられることで、私は秘かにホッとしていた。そして〃如何なる時も裡の動きが先だ〃と言った先生の言葉を実証するかのように、二十分程すると、亜紗はケロッといつもの亜紗に戻ったのである。

時計を見ると午後二時、昨日の午後二時からまる一日経っていた。

○

それから三日後、私が音楽室に入ろうとすると、亜紗が先生の写真に手を合わせているところだった。私は急いで一旦部屋を出て、知らん顔して入ると、亜紗が言った。

「バーバ、亜紗ね、ぢっちゃんにお手紙書いたんだよ。だけど、バーバは見ちゃいけないよ」

「うーん、見ないわよ、ぢっちゃんがきっと読んで下さるもんね」

と言ったが、亜紗がいなくなると、むらむらと好奇心が湧いて来た。一体、何を書いたのだろう。私は写真の前にある白い封筒を手にとった。

「てんごく　ぢっちゃまへ

あさより」

とある。

手紙をひらくと、

「ぢっちゃま、こないだ運どう会がありました。でも二いになってしまいました。らい年は　一いになりたいです。

こないだ　てがみを書いたとき、〝バレエがならえるように〟と書いたら、こんどパパが　ならわしてくれます。ぢっちゃま　どうも　ありがとうございました。

あさは　もうすぐ　八才です……」

封筒の中にもう一枚、紙きれがある。

ドラえもんの絵が描いてある。アッピイだ。やっと読めるひらがなで、

「ぢっちゃん、てんごくで、いつまでも、げんきでいてね」

私は茫然としていた。幼い孫たちは、ぢっちゃんが天国で元気でいると思い込んでいるのだ、そして自分の願いはきっと、叶えてくれると信じているのだ。

ふっと、先生の子供たちを見る時の、あの何とも言えない愛のまなざしが目に浮かんだ。

○

私は近いうちに、亜紗が紺と白のバレエのタイツをはいて、得意になって見せにくるだろうと思っていた。

しかし、そんな気配は一向になく、亜紗はバレエのバの字も言わなくなったという。

そして今度は、あと十日先に迫っている〝れもんの会〟のピアノ演奏会に急に出ると言い出したのである。

この〝れもんの会〟は亜紗のピアノの先生の小さいお弟子さんたちの会で、毎年秋に開かれるのだが、亜紗はまだ早いということで、出ないことになっていた。

私は亜紗が弾くというロング・ロング・アゴーとマーチを聴いてびっくりした、到底聴くに堪えないのである。これでは恥をかくだけなのに、と秘かに心配した。

ところが亜紗は平気で、毎日学校から帰ると、長いこと音楽室にひとりでとじ籠っていた。

　演奏会の前夜、亜紗はパパに買って貰ったチョコレート色のリボンのついたベージュのワンピースを着て、リハーサルをした。もう十日前のたどたどしさは微塵もなく、亜紗独特の勢いがあった。

「それでいい、それでいい、それだけ弾ければ愉しいでしょ」

「亜紗ね、もしあがったら、肩をうんと上げて落とせばいいって、ママが言ったよ」

「間違ったっていいんだよ、今のように、愉しく弾ければ……」

○

　翌日、私は演奏会に行かなかった、それでいて、亜紗の帰りが待ち遠しかった。そして長椅子に寝そべりながら、ここ二十日ばかりの、めまぐるしい亜紗の変化をふり返っていた。

　小犬からバレエ、バレエからピアノ演奏会と、移って行った亜紗の、亜紗自身でも気づかないほんとうの要求とは、一体何だったのだろう。先生は、それを掴み出さなければ人を導くことは出来ないと言っていた。

　もしかしたら、何かに自分の全力をぶつけてやってみたい、或いは自分の力を試してみたい要求ではなかったか。我々は時々そういう要求にかられることがあるが、それは大抵エネルギーの余った状態の時である。

人間の自然は、エネルギーが余れば分散要求が起こり、欠乏すれば他の注意を自分に集めようとする集注要求が起こる、これが先生のいう平衡要求の二方向であり、これあって生きものは調和を保ち、健康を保ち得ているのだろう。

それ故に、一旦起こった要求は、自分の意志で抑えても、他人が抑えつけても、なくなることなく、どこかに吐け口をみつけて、それを実現しようとする。亜紗の今度の奇妙な風邪も又、出口を塞がれた要求の吐け口だったのではなかろうか。

勇ましい足音がして、亜紗が帰って来た。

「どうだった？　亜紗」

「亜紗ね、初めに間違えてマーチを弾いて、途中で気がついたから止めて、ロング・ロング・アゴーを弾いて、それから又マーチを弾いたの、沢山弾いて愉しかったよ。来年もまた出たいなァ」

亜紗の眼が輝いていた。

このごろ、亜紗は急に少女らしくなり、穏やかでいきいきした日々が続いている。

恐らく要求の閊えがとれて、心が本来のままに流れ出したのだろう。

丁度、落葉や枯枝に堰《せ》かれても尚、流れようとする谷川の水が、それが取り除かれると、いとも自然にさらさらと流れ出すように……。

# 註

＊1（12頁）父　父・近衛文麿のこと。

＊2（13頁）先生　夫・野口晴哉のこと。

＊3（14頁）愉気　行気（＊8）法の一種。相手の体に気を集注して送ることを言う。野口晴哉――整体協会独特の語であり、また技術である。

＊4（17頁）捻れの七種　体癖のひとつ。

なお、「体癖」とは、無意識運動における個人的な偏り習性をいう。体癖には上下型一種・二種、左右型三種・四種、前後型五種・六種、捻れ型七種・八種、開閉型九種・十種、反応過敏型十一種、反応遅鈍型十二種の十二種類がある。例えば、一種は、圧縮エネルギーの大脳昇華傾向。エネルギーが思考に変わる。体型的には長く、首に特色がある。運動特性はゆっくり。九種は圧縮エネルギーの性欲的昇華。エネルギーの集注度が特に濃い。下腹または仙椎部に特色がある。運動特性は密度、速度がある。※

＊5（21頁）歌子　野口晴哉の妹。

＊6（28頁）活元運動　人間の運動は、意識して動く運動である錐体路系と、意識しないで動く運動である錐体外路系の二つのはたらきの重なりによって行なわれている。活元運動は錐体外路系運動の訓練法であり、錐体外路系運動を積極的に誘導するものである。

＊7（31頁）一側《いっそく》　一側・二側・三側とは、整体協会で制定された脊椎に沿って配列されている調律点。

＊8（59頁）行気《ぎょうき》　体のある部分に気を集注させることによって、自分自身の体の中にある元気を呼び起こす方法。合掌行気は、合掌しててのひらに気の集注を図ること。

＊9（104頁）コーキー　孫。裕哉（＊15）の次男。

＊10（104頁）亜紗　孫。裕哉の長女。

＊11（106頁）アッピイ　孫。裕哉の長男。

＊12（108頁）体量配分計　両足底を六分割（左右の足の内、外、踵《かかと》）した体重計。これ

に乗って、いくつかの基本動作を行ない、各部に配分される体重量の移動状況を測定し、無意的な偏りを観察するもの。※

＊13（112頁）ロイ（裕介）野口晴哉の三男。

＊14（123頁）操法　整体操法のこと。整体操法とは、体を整えるための操法という意味で、操法とは指導を受ける者に対して他動的に体操させ、体の弾力を恢復するための技術者（整体コンサルタント）の行為をいう。※

＊15（141頁）ポン（裕哉）野口晴哉の長男。

＊16（141頁）ダン（裕之）野口晴哉の次男。

＊17（217頁）オタカ（隆史）野口晴哉の四男。

＊18（227頁）深息法　気の集注密度を高めるための呼吸法。まず口の中に唾を溜め、下腹に息を吸い込み、その息を胸に吸い上げて、それから唾を飲み込むと同時に「うーむ」とその息を下腹に下ろして堪え、ゆっくり息を吐く。

＊19（228頁）後頭部第五　頭部に配列された調律点の一つ。後頭部のラムダ縫合部付近。

＊20（230頁）二の字の脈　脈の打ち方の一つ。漢数字の二のように脈が横に打つのを言う。

＊21（237頁）ノンコ　裕之（＊16）の妻。

＊22（237頁）アリ　裕之の長男。

※は、野口晴哉『整体入門』（ちくま文庫）もご参照ください。

本書のなかには今日の人権意識に照らして不当・不適切な語句や表現がありますが、時代的背景と作品の価値にかんがみ、また、著者が故人であるためそのままとしました。

また、表記を一部変更したところがあります。

本書は、一九八〇年に全生社から刊行された『朴歯の下駄』を文庫化したものです。

**体癖**　野口晴哉
整体の基礎的な体の見方、「体癖」とは？　人間の体をその構造や感受性の方向によって、12種類に分ける。それぞれの個性を活かす方法とは？（加藤尚宏）

**風邪の効用**　野口晴哉
風邪は自然の健康法である。風邪をうまく経過すれば体の偏りを修復できる。風邪を通して人間の心と体を見つめた、著者代表作。（伊藤桂一）

**回想の野口晴哉**　野口昭子
〝野口整体〟の創始者・野口晴哉の妻が、晴哉の幼少期から晩年までを描いた伝記エッセイ。「気」の力に目覚め、整体の技を大成、伝授するまで。

**整体から見る気と身体**　片山洋次郎
「整体」は体の歪みの矯正ではなく、歪みを活かしてのびのびした体にする。老いや病はプラスにもなる。滔々と流れる生命観。よしもとばなな氏絶賛！

**日々の整体　決定版**　片山洋次郎
朝・昼・晩、自分でできる整体の決定版。呼吸と簡単なメソッドで、ストレスや疲労から心身を解放する。イラスト満載。（小川美潮）

**自分にやさしくする整体**　片山洋次郎
こんなに簡単に自分で整体できるとは！　「脱ストレッチ」など著者独自の方法も。肩こり、腰痛など症状別チャート付。（甲田益也子）

**大和なでしこ整体読本**　三枝誠
体が変われば、心も変わる。「野口整体」「養神館合気道」などをベースに多くの身体を観てきた著者が、簡単に行える効果抜群の健康法を解説。

**東洋医学セルフケア365日**　長谷川淨潤
風邪、肩凝り、腹痛など体の不調を自分でケアできる方法満載。整体、ヨガ、自然療法等に基づく呼吸法、運動等で心身が変わる。索引付。必携！

**身体能力を高める「和の所作」**　安田登
なぜ能楽師は80歳になっても颯爽と舞うことができるのか？　「すり足」「新聞パンチ」等のワークで大腰筋を鍛え集中力をつける。（内田樹）

**わたしが輝くオージャスの秘密**　服部みれい　蓮村誠監修
インドの健康法アーユルヴェーダでオージャスとは生命エネルギーのこと。オージャスを増やして元気で魅力的な自分になろう。モテる！　願いが叶う！

**あたらしい自分になる本** 増補版　服部みれい
著者の代表作。心と体が生まれ変わる知恵の数々。文庫化にあたり新たな知恵を追加。冷えとり、アーユルヴェーダ、ホ・オポノポノetc.（辛酸なめ子）

**わたしの中の自然に目覚めて生きるのです** 増補版　服部みれい
生き方の岐路に立ったら。毎日の悩みにも。自分の中の「自然」が答えてくれる。心身にも、人間関係にも役立つ。推薦文＝北山耕平、吉本ばなな

**自由な自分になる本** 増補版　服部みれい
呼吸法、食べもの、冷えとり、数秘術、前世療法などで、からだもこころも魂も自由になる。文庫化にあたり一章分書き下ろしを追加。（川島小鳥）

**酒のさかな**　高橋みどり
ささっと切ったり合わせたり、気のきいた器にちょっと盛ればでき上がり。ついつい酒が進む、名店「にぼし」店主・船田さんの無敵の肴98品を紹介。

**くいしんぼう**　高橋みどり
高望みはしない。ゆでた野菜を盛るくらい。でもごはんはちゃんと炊く。料理する、食べる、それを繰り返す、読んでおいしい生活の基本。（高山なおみ）

**大好きな野菜 大好きな料理**　有元葉子
この野菜ならこの料理！　29の野菜について、味の方向や調理法を変えたベストな料理を3つずつご紹介。あなたの野菜生活が豊かに変わります。

**母のレシピノートから**　伊藤まさこ
ロールキャベツやゆで卵入りのコロッケ……家族のために作られた懐かしい味の記憶とレシピ。文庫化にあたり、さらに新たな味わいを大幅加筆。

**北京の台所、東京の台所**　ウー・ウェン
料理研究家になるまでの半生、文化大革命などの出来事、北京の人々の暮らしの知恵、日中の料理について描く。北京家庭料理レシピ付。（木村衣有子）

**ひきこもりグルメ紀行**　カレー沢薫
博多通りもんが恋しくて――。家から一歩も出たくない漫画家が「おとりよせ」を駆使してご当地グルメを味わい尽くす〝ぐうたら系〟食コラム。

**味見したい本**　木村衣有子
読むだけで目の前に料理や酒が現れるかのような食の本についてのエッセイ。古川緑波や武田百合子の食卓。居酒屋やコーヒーの本も。帯文＝高野秀行

**文房具56話**　串田孫一

使う者の心をときめかせる文房具。どうすればこの小さな道具が創造力の源泉になりうるのか。文房具の想い出や新たな発見、工夫や悦びを語る。

**おかしな男　渥美清**　小林信彦

芝居や映画をよく観る勉強家の彼と喜劇マニアのぼく。映画「男はつらいよ」の〈寅さん〉になる前の若き日の渥美清の姿を愛情こめて綴った人物伝。（中野翠）

**青春ドラマ夢伝説**　岡田晋吉

『青春とはなんだ』『俺たちの旅』『あぶない刑事』……。テレビ史に残る名作ドラマを手掛けた敏腕ＴＶプロデューサーが語る制作秘話。（鎌田敏夫）

**万華鏡の女　女優ひし美ゆり子**　ひし美ゆり子　樋口尚文

ウルトラセブンのアンヌ隊員を演じてから半世紀、いまも人気を誇る女優ひし美ゆり子。70年代には様々な映画にも出演した。女優活動の全貌を語る。

**ゴジラ**　香山滋

今も進化を続けるゴジラの原点。太古生命への讃仰、原水爆への怒りなどを込めた、原作者による小説・エッセイなどを集大成する。（竹内博）

**赤線跡を歩く**　木村聡

戦後まもなく特殊飲食店街として形成された赤線地帯。その後十余年、都市空間を彩ったその宝石のような建築物と街並みの今を記録した写真集。

**おじさん酒場　増補新版**　山田真由美文　なかむらるみ絵

いま行くべき居酒屋、ここにあり！　居酒屋から始まる夜の冒険へ読者をご招待。さあ、読んで酒を飲もう。いい酒場に行こう。巻末の名店案内105も必見。

**プロ野球新世紀末ブルース**　中溝康隆

伝説の名勝負から球界の大事件まで愛と笑いの平成プロ野球コラム。ＴＶ、ゲームなど平成カルチャーとプロ野球の新章を増補し文庫化。（熊崎風斗）

**禅ゴルフ**　Dr.ジョセフ・ペアレント　塩谷紘訳

今という瞬間だけを考えてショットに集中し、結果に関して自分を責めない。禅を通してゴルフの本質と心をコントロールする方法を学ぶ。

**国マニア**　吉田一郎

ハローキティ金貨を使える国があるってほんと!?　私たちのありきたりな常識を吹き飛ばしてくれる、世界のどこか変てこな国と地域が大集合。

**旅の理不尽**　宮田珠己

旅好きタマキングが、サラリーマン時代に休暇を使い果たして旅したアジア各地の脱力系体験記。鮮烈なデビュー作、待望の復刊！　（蔵前仁一）

**ふしぎ地名巡り**　今尾恵介

古代・中世に誕生したものもある地名は「無形文化財」的でありながら、「日用品」でもある。異なる性格を同時に併せもつ独特な世界を紹介する。

**はじめての暗渠散歩**　本田創／髙山英男／吉村生／三土たつお

失われた川の痕跡を探して散歩すれば別の風景が現れる。橋の跡、コンクリ蓋、銭湯や豆腐店等水に関わる店。ロマン溢れる町歩き。帯文＝泉麻人

**鉄道エッセイコレクション**　芦原伸 編

本を携えて鉄道旅に出よう！　文豪、車掌、音楽家——、生粋の鉄道好き20人が愛を込めて書いた「鉄分100％」のエッセイ／短篇アンソロジー。

**発声と身体のレッスン**　鴻上尚史

あなた自身の「こえ」と「からだ」を自覚し、魅力的に向上させるための必要最低限のレッスンの数々。続ければ驚くべき変化が！　（安田登）

**B級グルメで世界一周**　東海林さだお

読んで楽しむ世界の名物料理。キムチの辛さにうなり、小籠包の謎に挑み、チーズフォンデュを見直し、どこかで一滴の醬油味に焦がれる。　（久住昌之）

**中央線がなかったら　見えてくる東京の古層**　陣内秀信／三浦展 編著

中央線がもしなかったら？　中野、高円寺、阿佐ヶ谷、国分寺……地形、水、古道、神社等に注目すれば東京の古代・中世が見えてくる！　対談を増補。

**決定版　天ぷらにソースをかけますか？**　野瀬泰申

食の常識をくつがえす、衝撃の一冊。天ぷらにソースをかけないのは——あなただけかもしれない。　（小宮山雄飛）

**増補　頭脳勝負**　渡辺明

棋士は対局中何を考え、休日は何をしている？　将棋の面白さ、プロ棋士としての生活、いま明かされるトップ棋士の頭の中！　（大崎善生）

**世界はフムフムで満ちている**　金井真紀

街に出て、会って、話した！　海女、石工、コンビニ店長……。仕事の達人のノビノビ生きるコツを拾い集めた。楽しいイラスト満載。　（金野典彦）

**年収90万円でハッピーライフ**　大原扁理

世界一周をしたり、隠居生活をしたり。「フツー」に進学、就職してなくても毎日は楽しい。ハッピー思考術と、大原流の衣食住で楽になる。（小島慶子）

**ぼくたちは習慣で、できている。増補版**　佐々木典士

先延ばししてしまうのは意志が弱いせいじゃない。良い習慣を身につけ、悪い習慣をやめるステップを55に増補。世界累計部数20万突破。（ｐｈａ）

**ぼくたちに、もうモノは必要ない。増補版**　佐々木典士

23カ国語で翻訳。モノを手放せば、毎日の生活も人との関係も変わる。手放す方法最終リストを大幅増補し、80のルールに！（やまぐちせいこ）

**はたらかないで、たらふく食べたい 増補版**　栗原康

カネ、カネ、カネの世の中で、ムダで結構。無用で上等。爆笑しながら解放される痛快社会エッセイ。文庫化にあたり50頁分増補。（早助よう子）

**半農半Xという生き方【決定版】**　塩見直紀

農業をやりつつ好きなことをする「半農半X」を提唱した画期的な本。就職以外の生き方、転職、移住後の生き方として。帯文＝藻谷浩介（山崎亮）

**減速して自由に生きる**　髙坂勝

自分の時間もなく働く人生よりも自分の店を持ち人と交流したいと開店。具体的なコツと、独立した生き方。一章分加筆。帯文＝村上龍（山田玲司）

**自作の小屋で暮らそう**　高村友也

好きなだけ読書したり寝たりできる。誰にも文句を言われず、毎日生活ができる。そんな場所の作り方。推薦文＝髙坂勝（かとうちあき）

**ナリワイをつくる**　伊藤洋志

暮らしの中で需要を見つけ月3万円の仕事を作り、それを何本か持てば生活は成り立つ。DIY・複業・お裾分けを駆使し仲間も増える。（鷲田清一）

**現実脱出論 増補版**　坂口恭平

「現実」それにはバイアスがかかっている。目の前の「現実」が変わって見える本。文庫化に際し一章分「現実創造論」を書き下ろした。（安藤礼二）

**自分をいかして生きる**　西村佳哲

「いい仕事」には、その人の存在まるごと入ってるんじゃないか。『自分の仕事をつくる』から6年、長い手紙のような思考の記録。（平川克美）

かかわり方のまなび方　西村佳哲

「仕事」の先には必ず人が居る。自分を人を十全に活かすこと。それが「いい仕事」につながる。その方策を探った働き方研究第三弾。（向谷地生良）

人生をいじくり回してはいけない　水木しげる

水木サンが見たこの世の地獄と天国。人生、自然の流れに身を委ね、のんびり暮らそうというエッセイ。推薦文＝外山滋比古、中川翔子（大泉実成）

「ひきこもり」救出マニュアル〈実践編〉　斎藤環

「ひきこもり」治療に詳しい著者が、具体的な疑問に答えた、本当に役に立つ処方箋。理論編に続く、実践編。参考文献、「文庫版　補足と解説」を付す。

ひきこもりはなぜ「治る」のか？　斎藤環

「ひきこもり」研究の第一人者の著者が、ラカン、コフート等の精神分析理論でひきこもる人の精神病理を読み解き、家族の対応法を解説する。（井出草平）

人は変われる　高橋和巳

人は大人になった後でこそ、自分を変えられる。多くの事例をあげ「運命を変えて、どう生きるか」を考察した名著、待望の文庫化。（中江有里）

消えたい　高橋和巳

自殺欲求を「消えたい」と表現する、親から虐待された人々。彼らの育ち方、その後の人生、苦しみを丁寧にたどり、人間の幸せの意味を考える。（橋本治）

家族を亡くしたあなたに　キャサリン・M・サンダーズ　白根美保子訳

家族や大切な人を失ったあとには深い悲しみが長く続く。悲しみのプロセスを理解し乗り越えるための、思いやりにあふれたアドバイス。（中下大樹）

加害者は変われるか？　信田さよ子

家庭という密室で、DVや虐待は起きる。「普通の人」がなぜ？　加害者を正面から見つめ分析し、再発を防ぐ考察につなげた、初めての本。（牟田和恵）

パーソナリティ障害がわかる本　岡田尊司

性格は変えられる。「パーソナリティ障害」を「個性」に変えるために、本人や周囲の人がどう対応し、どう工夫したらよいかがわかる。（山登敬之）

生きるかなしみ　山田太一編

人は誰でも心の底に、様々なかなしみを抱きながら生きている。「生きるかなしみ」と真摯に直面し、人生の幅と厚みを増した先人達の諸相を読む。

杉浦日向子ベスト・エッセイ　杉浦日向子
初期の単行本未収録作品から、若き晩年、自らの生と死を見つめた名篇までを、多彩な活躍をした人生の軌跡を辿るように集めた、最良のコレクション。

お江戸暮らし　杉浦日向子
江戸にすんなり遊べる幸せ。漫画、エッセイ、語りと江戸の魅力を多角的に語り続けた杉浦日向子の作品群から、精選して贈る、最良の江戸の入口。

向田邦子シナリオ集　向田邦子　向田和子編
いまも人々の胸に残る向田邦子のドラマ。「隣りの女」「七人の刑事」など、テレビ史上に残る名作、知られざる傑作をセレクト収録する。（平松洋子）

甘い蜜の部屋　森茉莉
天使の美貌、無意識の媚態。薔薇の蜜で男たちを溺れ死なせていく少女モイラと父親の濃密な愛の部屋。稀有なロマネスク。（矢川澄子）

貧乏サヴァラン　森茉莉　早川暢子編
オムレット、ボルドオ風茸料理、野菜の牛酪煮……。食いしん坊茉莉は料理自慢。香り豊かな〝茉莉ことば〟で綴られる垂涎の食エッセイ。文庫オリジナル。

紅茶と薔薇の日々　森茉莉　早川茉莉編
天皇陛下のお菓子に洋食店の味、庭に実る木苺……森鷗外の娘にして無類の食いしん坊、森茉莉が描く懐かしく愛おしい美味の世界。（辛酸なめ子）

遊覧日記　武田百合子　武田花・写真
行きたい所へ行きたい時に、つれづれに出かけてゆく。一人で。または二人で。あちらこちらを遊覧しながら綴ったエッセイ集。（巖谷國士）

ことばの食卓　武田百合子　野中ユリ・画
なにげない日常の光景やキャラメル、枇杷など、食べものに関する昔の記憶と思い出を感性豊かな文章で綴ったエッセイ集。（種村季弘）

クラクラ日記　坂口三千代
戦後文壇を華やかに彩った無頼派の雄・坂口安吾との、嵐のような生活を妻の座から愛と悲しみをもって描く回想記。巻末エッセイ＝松本清張

矢川澄子ベスト・エッセイ　妹たちへ　矢川澄子　早川茉莉編
澁澤龍彥の最初の夫人であり、孤高の感性と自由な知性の持ち主であった矢川澄子。その作品に様々な角度から光をあて織り上げる珠玉のアンソロジー。

ちくま文庫

# 回想《かいそう》の野《の》口《ぐち》晴哉《はるちか》　朴歯《ほおば》の下《げ》駄《た》

二〇〇六年三月　十　日　第一刷発行
二〇二五年十月二十五日　第七刷発行

著　者　野口昭子（のぐち・あきこ）
発行者　増田健史
発行所　株式会社　筑摩書房
東京都台東区蔵前二―五―三　〒一一一―八七五五
電話番号　〇三―五六八七―二六〇一（代表）
装幀者　安野光雅
印刷所　中央精版印刷株式会社
製本所　中央精版印刷株式会社


ISBN978-4-480-42167-8 C0123